Jamaica Kincaid

Mein Garten(Buch)

Aus dem Amerikanischen von
Renate Orth-Guttmann

HEINRICH & HAHN

Deutsche Erstausgabe

Für diese Ausgabe:

Einige der Texte in diesem Band erschienen in etwas anderer Form zunächst in *Architectural Digest, DoubleTake, The New Yorker* und *Travel & Leisure*
Die amerikanische Originalausgabe erschien 1999 unter dem Titel *My Garden(Book)* bei Farrar, Straus and Giroux, New York

Gestaltung und Herstellung:
Carsten Wolff, Wolff Kommunikation/Frankfurt am Main
Druck: Druckerei Imbescheidt GmbH & Co. KG, Frankfurt am Main
Bindung: Buchbinderei Schaumann, Darmstadt
Printed in Germany
ISBN 3-86597-033-8

www.heinrichundhahn.de

In blinder, gefühlsmäßiger und hilfloser Liebe

für Annie & für Harold,

die manchmal der zornigen Überzeugung sind,

daß nur der Garten zwischen ihnen und einem

vollkommenen Einssein mit ihrer Mutter steht,

und manchmal recht damit haben.

INHALT

I

II

III

Daß ich als Erwachsene eine Neigung zum Garten faßte, kam so: Kurz nachdem ich zum ersten Mal Mutter geworden war, schenkte mir mein Mann zum sogenannten Muttertag eine Hacke, einen Rechen, einen Spaten, eine Grabgabel und Blumensamen. Es war mein zweiter Muttertag; zum ersten hatte er mir Ohrringe geschenkt, die hatte ich in der Küche auf einen Tisch gelegt, von wo sie auf Nimmerwiedersehen verschwanden; weder ich noch sonst jemand, nicht die Putzfrau, nicht die Frauen, die mir halfen, mein Kind zu hüten, nicht mein Mann, nicht mein Kind – niemand hat sie angeblich je wiedergesehen. Ich kann mich nicht erinnern, ob die Samen und die Werkzeuge eingepackt waren, aber ich kann mich erinnern, daß ich sofort damit nach draußen ging und einen großen Teil des kleinen Gartens umgrub, einen Flecken Erde, der noch nie bestellt worden war, und daß ich alle Samen aus den Tütchen in die Erde brachte. Und dabei blieb es, denn nichts ging auf, der Boden war nicht ordentlich vorbereitet, er lag im Schatten einer mächtigen Eiche und eines mächtigen Ahorns (ja, diese beiden Bäume standen tatsächlich in unmittelbaren Nachbarschaft, und ich wußte nicht, was ich an ihnen hatte; zu ärgerlich, daß sie im Herbst ihre Blätter verloren und den ganzen Garten verschmutzten (dachte ich damals).

Nebenan wohnte ein Mann namens Chet, der nur richtig atmen konnte, wenn er an eine Sauerstofflasche angeschlossen war; hin und wieder kam er heraus, rauchte eine Zigarette und kümmerte sich um seine riesigen Tomaten, die dicht am Haus wuchsen. Die Tomaten waren dort der vollen Sonne ausgesetzt, und ihm war einerlei, ob aus dem Baumaterial seines Hauses womöglich Gifte in den Boden gelangt waren, in dem seine Tomaten wuchsen. Seine Tomaten gediehen und schmeckten köstlich; mein Gartenstück, das ich um den Preis von Blasen und schmutzigen Händen umgegraben hatte, sah aus, als hätte ein Tier dort irgend etwas Interessantes vermutet und vergeblich danach gewühlt; kein Mensch hätte beim Anblick dieses Durcheinanders, das ich angerichtet hatte, auf den Fundort eines verloren geglaubten Schatzes getippt.

Ich zog in ein anderes Haus, das gar nicht weit weg war und einen größeren Garten hatte. Chet starb, und ich schäme mich noch heute, daß ich ihn nach meinem Umzug nie mehr besuchte, ich war auch nicht auf seiner Beerdigung, obwohl ich davon wußte, und wenn ich heute seiner Frau Millie begegne, geht sie mir aus dem Weg (und ich mache es gewiß genauso, aber ich denke doch, daß eher sie es ist, die mir aus dem Weg geht). Das Haus, in das ich zog, hatte einer Mrs. McGovern gehört, und auch sie war gerade gestorben, aber ich hatte sie nicht gekannt und vorher auch noch nie von ihr gehört, deshalb brachte ich das Haus vom Gefühl her nicht mit ihr in Verbindung, bis eines Tages in meinem ersten Frühjahr in diesem neuen Haus und auf dem neuen Grundstück folgendes geschah: Im Herbst hatten wir jemanden teuer dafür bezahlt, daß er den Rasen hinter dem Haus neu anlegte; der Rasen war auch sehr schön geworden, doch im Frühjahr schoben sich an vielen Stellen rötlichbraune Triebe durch die schöne neue grüne Fläche. Ich ärgerte mich so sehr, daß ich gerade kurz davor stand, den Rasenmenschen anzurufen und mich bitter zu beklagen, als meine neue Nachbarin, Beth Winter, mich besuchen kam und mir erzählte, wie schön es für sie sei, mit ihrer Familie – ihrem Mann und drei Kindern – in demselben Haus zu leben, in dem sie aufgewachsen war; als sie meine Klagen über den Rasenmenschen hörte und die rötlichbraunen Triebe sah, sagte sie: »Aber Mrs. McGovern hatte doch ein Päonienbeet!« Und so lernte ich, wie junge Päonientriebe aussahen, und auch, wie ein Ahorn aussieht, aber nicht, daß er auf Lateinisch *Acer* heißt; die lateinischen Namen lernte ich später, mit Widerstand.

In jenem ersten Frühjahr im Haus der alten Mrs. McGovern (da war sie schon lange tot) entdeckte ich ihr großes altes Taglilienbeet (*Hemerocallis fulva*), das direkt unter dem südwestlichen Küchenfenster wuchs, und Rob (Woolmington) kam mit seinem bescheidenen Rototiller und fräste ein schönes großes Rechteck für meinen Gemüsegarten und lief dann mit diesem bescheidenen Rototiller hinter mir her einmal um das Haus herum und legte auf mein Geheiß wunderlich geformte Beete an, so daß es schließlich aussah, als sei um das Haus ein schützender Wassergraben gezogen, aber es war kein richtiger Graben mit Wasser darin, sondern das Ergebnis einer ersten begeisterten Annäherung an die Gartenkunst.

So fing mein Garten an; es wäre aber auch nicht falsch zu erwähnen, daß ich damals gerade ein Buch las (von dem Historiker William Prescott), und daß es in diesem Buch um die Eroberung Mexikos oder – wie man damals sagte – Neuspaniens ging, und ich darin auf Blumen stieß, die Tagetes hießen und Dahlie und Zinnie; danach war der Garten für mich mehr als der Garten, den ich vorher im Kopf gehabt hatte. Danach war auch der Garten selbst etwas anderes.

Als ich mich endgültig in Mrs. McGoverns Haus eingelebt hatte (oder dem »Gelben Haus«, wie die Kinder es nannten, denn es war gelb angestrichen), hatte ich schon Teile des Rasens hinter dem Haus und Teile des Rasens vor dem Haus zu sehr wunderlichen, gartenunähnlichen Formen umgegraben oder umgraben lassen. Diese Beete – denn ich versuchte, so etwas wie Blumenbeete zustande zu bringen – waren von eigentümlicher Gestalt, eigentümlich im Vergleich zu Blumenbeeten, wie sie im Garten üblich sind; mir war klar, daß sie eigentümlich waren und daß sie nicht so aussahen wie die Blumenbeete in von mir bewunderten Gärten, den Gärten meiner Freunde, in Gartenbüchern beschriebenen Gärten, aber das war nun nicht zu ändern; ich wünschte mir einen Garten, der so aussah wie etwas, was ich im Geiste zu sehen meinte, aber was genau das war, wußte ich damals nicht und weiß es bis heute nicht. Und ich glaube auch zu wissen, warum das so war: Der Garten ist für mich so eng mit Worten über den Garten und mit Worten an sich verknüpft, daß jede feste Vorstellung von Garten, jedes feste Bild für mich eine Provokation darstellt.

Erst als ich ein paar Jahre später in dem Haus von Dr. Woodworth lebte (dem braun verschindelten Haus mit den roten Fensterläden), durchschaute ich die Form dieser Beete. Dort hatte ich viel mehr Platz; ich hatte einen Rasen und hinter dem Rasen noch mehrere Morgen Land. Der Rasen hinter diesem Haus war größer als der Rasen hinter dem Haus der alten Mrs. McGovern, und deshalb waren auch meine Beete größer und wunderlicher, den in einem richtigen Garten üblichen Beeten noch unähnlicher, und es wurde immer schwieriger, sie anderen Gärtnern zu erklären, die mehr Erfahrung mit dem Garten und einen herkömmlicheren Schönheitsbegriff von Gärten hatten als ich. »Was ist denn das?« wurde ich gefragt. »Was denkst du dir dabei?« wurde ich gefragt. Manchmal antwortete ich dann: »Ich weiß es selbst nicht«, manchmal auch »...« (mit tiefem Schweigen). Als mir dämmerte, daß der Garten, den ich schuf (und immer noch schaffe und in Zukunft schaffen werde) so ähnlich aussah wie eine Landkarte der karibischen Inseln und des Meeres darum herum, erzählte ich es nicht den Gärtnern, die mich gefragt hatten, was das sei oder was ich mir dabei gedacht hatte; ich konnte nur staunen, wie sehr doch der Garten für mich eine Übung des Erinnerns ist, eine Möglichkeit, zu einer Vergangenheit zu finden, die meine eigene ist (die Karibik) und einer Vergangenheit, die indirekt zu mir in Beziehung steht (die Eroberung Mexikos und der umliegenden Gebiete).

I

Blauregen

An wen könnte ich mich wohl mit folgender Frage wenden: Warum blüht meine *Wisteria floribunda*, auf Stamm gezogen, weil sie später einmal wie ein Bäumchen aussehen soll, Ende Juli, fast schon im August, statt im Mai, wie es sich für einen Blauregen gehört? Dieser zur Unzeit blühende Blauregen ist blau. Ich habe noch einen anderen, ganz ähnlichen, der weiß blühen müßte, statt dessen aber gar nicht blüht, sondern nur lange Ranken aussendet, die sich in die Zweige der in einiger Entfernung stehenden *Rosa* ›Alchymist‹ schlingen, sich in ein Geißblatt (*Lonicera*) drängen und lange Wege in Kauf nehmen, um eine rote Rose (*Rosa* ›Henry Kelsy‹) zu umranken. Was tun? Das ist eine Frage, die ich mir gerne stelle, besonders dann, wenn ich selbst keine Antwort weiß. Wenn sich die Frage »Was tun?« stellt (Schnecken, wohin man sieht!) und ich eine gebrauchsfertige Lösung bei der Hand habe, fühle ich mich sicher und geborgen in der Welt (meiner Welt), und auch wenn es sich um ein anderes Problem handelt (der Blauregen blüht zur Unzeit), fühle ich mich immer noch sicher und geborgen, weil ich denke, daß irgendwer irgendwo genauso ratlos ist wie ich (denn bestimmt bin ich doch nicht die erste, die so etwas erlebt) und daß sie/er mir das Phänomen erklären kann: Mein Blauregen, auf Stamm gezogen (weil er später einmal wie ein Bäumchen aussehen soll), blüht zwei Monate nach seiner normalen Blütezeit. Machen das Stämmchen manchmal in ihrer Jugend, weil der Übergang von einer Form (Ranken) zu einer anderen (Strauch, Bäumchen) so heikel und unüblich ist und sich der Versuch, diesen Prozeß zu bewältigen, als so schwierig erweist, daß dabei die korrekte Blütezeit geopfert wird – wie bei einem Termin mit der Schulleiterin, um deine Haare begutachten zu lassen, zu dem du zwar pünktlich erscheinst, aber mit Haaren, die nicht so sind, wie sie sein sollten, nicht so frisiert, wie es ihr gefällt oder wie sie es versteht? Was mache ich mit dem Blauregen? Lasse ich ihn blühen, wie er will? Die neuen Knospen, die er unermüdlich produziert, sehen authentisch aus, wirken aber trotzdem nicht ganz überzeugend, wie Mutproben, mit denen der Blauregen sogar sich selbst überrascht, als sei seine Unzeitigkeit eine schüchterne, versuchsweise Frage.

Aber was tun mit diesen schlappen Hängeranken mitten im Sommer, mit diesen traurigen Farben und Formen, die auch im Frühjahr etwas Trauriges an sich haben, aber Trauer um den Tod von etwas, das lange vorbei ist (im Frühjahr ist der Winter tot, und nicht nur das, es gibt nicht die geringsten Anzeichen, daß er je wiederkommen wird). Im Sommer gibt es diesen Purpurton, der Eisenhut hat ihn, er fängt Ende Juli an zu blühen, und ich habe so viele verschiedene Sorten, daß irgendeiner bis in den Oktober hinein blüht, aber Eisenhut sieht nicht traurig aus, sondern giftig (was er auch ist) und böse oder von etwas Bösem beseelt wie alles, was sich unter einem Hut, einer Kapuze verbirgt. Ich mag den Eisenhut eigentlich vor allem deshalb, weil Freunde, die ich durch den Garten lieben gelernt habe (Dan Hinkley, Annie Woodhull) Eisenhut ziehen, bildschönen Eisenhut, und immer wieder sagen, wie wunderbar es ist, diese Farbe (tiefes Blaulila) um diese Jahreszeit (Hochsommer, Spätsommer) im Garten zu haben, und ich weiß natürlich, wie sie es meinen, aber insgeheim frage ich mich, warum es nicht eine Blume geben kann, die so schön anzusehen ist wie der Eisenhut, aber in einer meiner Lieblingsfarben blüht: Gelb oder etwas im gelben Bereich. Was tun?

Der angeblich weiß blühende Blauregen hat nie geblüht. Eines Tages fand ich beim Jäten in seiner Nähe zwei lange Triebe, die aus dem Wurzelstock wuchsen, und schnitt sie so ingrimmig ab, als hätten sie etwas angestellt und müßten dafür bestraft werden. Wird er je blühen, frage ich mich, und was tue ich, wenn er es nicht tut? Werde ich mich mit seiner breiten Form zufrieden geben, seinem üppigen Laub, seiner Blütenlosigkeit, und werde ich dann etwas dazusetzen, was zu ihm paßt? Was tun?

Und überhaupt: Mittsommer ... Was mache ich damit? An einem einundzwanzigsten Juni, dem sogenannten Mittsommertag, war ich einmal zu Besuch in Finnland, und zusammen mit ein paar Finnen blieb ich die ganze Nacht auf, wir gingen in die Sauna, und von der Sauna in den See – die Sauna stand am Ufer des Sees –, und danach zum Tanzen und trafen dort Menschen, die nicht wie meine finnischen Gastgeber aussahen und die die Finnen Zigeuner nannten. Das ist unsere Art, Mittsommer zu feiern, sagten meine Finnen, hinein in die Sauna und wieder heraus, und hinein in den See und wieder heraus und dann in einen Saal zum Tanzen in Gesellschaft von Menschen, die Zigeuner genannt werden. Der Schmetterlingsstrauch ›African Queen‹ soll (so steht es in Dan Hinkleys Katalog) zum Mittsommer blühen, aber er blühte vor dem spät (und falsch) blühenden Blauregen und gleich nach dem Tag, an dem sie in Finnland Mittsommer feiern; der Schmetterlingsstrauch ›Potter's Purple‹ blüht jetzt, Ende Juli, gekauft aber hatte ich ihn, weil ich gedacht hatte, er würde von Ende August bis Anfang September blühen; und was tue ich jetzt, wenn der August zu Ende geht (und damit muß ich leider rechnen, denn ich mag den August, während ich den Winter ganz und gar nicht mag, weshalb ich nie so recht glauben kann, daß er tatsächlich wiederkommt), worauf soll ich mich dann freuen? Die Aster ›Little Carlow‹, fraglos die schönste Aster der Welt) hat jetzt Knospen, die aussehen, als könnten sie jederzeit aufgehen, gewöhnlich aber blüht sie Ende September bis Anfang Oktober in einem bläulichen Purpurton, bei dem einen nicht Traurigkeit erfaßt, sondern ein großes Staunen: Wie kann es so eine Farbe geben, und was für eine Farbe ist das genau? Was tun? Auch der Mauerpfeffer begann Ende Juli/Anfang August zu blühen, und von dem Schmetterlingsstrauch ›Pink Charm‹, der Anfang September blühen soll und speziell deswegen gepflanzt wurde, aber Ende Juli/Anfang August in Blüte steht, will ich gar nicht erst reden. Was tun?

Diese Aufregung, wenn ich im Garten bin, und dieses Glück, daß ich mich so aufregen kann! Dieser Ärger, den ich oft im Garten empfinde, und dieses Glück, daß ich mich so ärgern kann. Was tun? Nichts läuft so, wie ich es mir gedacht, nichts sieht ganz so aus, wie ich es mir vorgestellt hatte, und wenn es manchmal doch so aussieht (was gottlob selten ist), erschrecke ich über meine hausbackene Phantasie. Warum paßt dieser wunderbare Hängeblauregen (jedenfalls sah er in einem Katalog so aus –

wunderbar, einladend, geradezu vollkommen) nicht so, wie ich ihn mir vorgestellt hatte, an die beiden Enden einer Terrasse aus einem Patchwork aus einheimischem Vermonter Stein?

Bisher habe ich das Element Wasser noch nicht richtig verstanden und konnte mir eigentlich auch nicht leisten, es in meinen Garten einzubeziehen. Ein Teich war mir zu teuer, und im Gesamtplan meines Gartens konnte ich mir einen Platz für einen Teich auch nicht so recht vorstellen. Im Grunde mag ich keine Teiche. Aus dem Teil der Welt, in dem ich als Kind gelebt habe, der dem, in dem ich jetzt lebe (und in dem ich einen Garten angelegt habe) diametral entgegengesetzt ist, kannte ich Teiche als kleine, wirklich kleine Wasserflächen, die von selbst entstanden waren (ich wüßte von keiner Menschenhand, die sie in diese Form gezwungen hätte), und die schön, aber keineswegs harmlos waren: Sie waren voller Blumen; Wasserlilien, deren Früchte geröstet sehr süß waren und die zu ernten sehr gefährlich war, denn von denen, die sie so gern aßen (die Kinder), konnte so gut wie niemand schwimmen, und deshalb war die Frucht der Wasserlilie zu ernten eine gefahrvolle Angelegenheit. Ich meine mich zu erinnern, daß Menschen (Kinder) bei dem Versuch, an die Wasserlilien heranzukommen, ums Leben kamen, aber vielleicht stimmt das nicht, vielleicht fürchtete ich nur, es könnte dazu kommen, vielleicht dachte ich auch, ich würde bei dem Versuch, die Frucht der Wasserlilie zu ernten, ums Leben kommen. Ich habe die Frucht der Wasserlilie gegessen, sie ist köstlich, aber wie sie schmeckte, weiß ich nicht mehr, nur eben köstlich, über alle Maßen köstlich, und auch wenn ich mich an den Geschmack nicht mehr genau erinnern kann – ihre Köstlichkeit ist mir unvergessen.

In meinen Garten müßte es eigentlich einen Teich geben. In jeden Garten mit ernsthaften Absichten (was immer das auch bedeuten mag) gehört auch das Element Wasser. Mein Garten hat keine ernsten Absichten, mein Garten hat nur Zweifel über Zweifel. Was mache ich mit dem Blauregen, der zur Unzeit blüht (wobei Unzeit bedeutet, daß er sich nicht an die Saison hält)? Und gerade jetzt fällt mir ein, daß ich auch die weiße Spinnenlilie, die dicht neben dem (inzwischen) verwunderlichen Blauregen, praktisch zu dessen Füßen wuchs, Ende Juli habe blühen sehen; aber sie sah kränklich aus, der kahle Stengel war gebeugt und schlaff, die Blüten hatten sich halb geöffnet und waren dann zum Stillstand gekommen. Was tun? Im Frühjahr hatte die Spinnenlilie einen so gesunden Schopf grüner Blätter hervorgebracht, er sah aus wie das Ding, das der Rektor morgens in der Hand hatte, ehe er es auf eine Handfläche oder einen Po klatschen ließ (keinen nackten Po, er war durch Khaki geschützt); im Frühjahr war die Spinnenlilie so üppig, daß ich mir Sorgen machte, ob die Küchenschelle, hinter der ich so verzweifelt her gewesen war, sich gegen sie würde durchsetzen können (ich liebte ihre Blüten, ich liebte auch das, was danach kam, die Samenstände, die man vielleicht nur dann zu schätzen weiß, wenn man generell mag, was danach kommt, gewissermaßen das dicke Ende von dem, worüber man sich gerade noch gefreut hat). Und wieder die Frage: Was tun? Wen könnte ich fragen? Gibt es einen Menschen, dem ich eine solche Frage stellen könnte, und hätte dieser Mensch eine Antwort, die für mich auf rationale Weise einen Sinn ergibt (so, wie sogar ich inzwischen etwas als rational akzeptiere), und brächte dieser Mensch es fertig, mir im Rationalen das Verehrungswürdige nahezubringen und nicht nur das Zweckmäßige? Ich kenne das Zweckmäßige, es hält uns am Atmen; das Verehrungswürdige aber ist es, wofür es sich für uns (für mich) weiterzuleben lohnt.

Nur: Was tun? In dem Jahr, als der Blauregen sich nicht so benahm, wie er sollte, nicht so, wie ich es von ihm erwartet hatte, nachdem ich ihn aufgrund der glanzvollen Beschreibung in einem Katalog gekauft hatte, geschah noch anderes. Und wieder die Frage: Was tun? An einem Nachmittag, wie er sein sollte, die Sonne stand klar an dem ihr zugewiesenen Platz am Himmel, tauchte ein Fuchs aus meinem Wäldchen auf (es ist tatsächlich mein Wäldchen, denn ich habe aus einem Gewirr von Bäumen und Dornengestrüpp etwas gemacht, das wie ein Gewirr aus Bäumen und Dorngestrüpp aussieht, habe aber sorgsam und absichtsvoll all das ausgespart, was mir nicht gefällt, nämlich das, was ich noch nicht verstehe). Ich hatte um diese Tageszeit noch nie einen Fuchs so nah gesehen; ich erschrak (es machte mir Angst, in meinem Alltag etwas zu sehen, was so außerhalb meines Alltags lag), ich schrie auf, kann sein, daß ich rief: »Es ist ein Fuchs!« Die Haushälterin Mary Jean und Vrinda, die im Haus gewesen waren, kamen heraus und sahen ihn auch. Als der Fuchs merkte, daß wir ihn oder sie ansahen (wir konnten nicht erkennen, ob es ein männliches Tier war, das nach einer Partnerin Ausschau hielt, oder eine Mutter auf Nahrungssuche), blieb er im Schatten der Hecke stehen (ein ungeplanter, aber gern gesehener Spindelstrauch) und sah uns an, vielleicht hatte er Angst, weil wir da waren, vielleicht war er auch neugierig auf uns, nachdem er uns vielleicht schon früher unbemerkt beobachtet hatte. Der Fuchs stand da, vielleicht gebannt von meinem Aufschrei, vielleicht hatte er noch nie einen Schrei jener Spezies vernommen, zu der ich gehöre (ich denke, daß ich zur menschlichen Spezies gehöre, ich habe, was das angeht, meist ambivalente Gefühle, aber als ich den Fuchs sah, hoffte ich, er würde meinen Schrei als etwas Vertrautes empfinden, als etwas Menschliches). Was tun, als der Fuchs mich ansah, als interessierte er sich für mich ebenso, wie ich mich für ihn interessierte (wer ist er, was macht er hier, nur ein paar Schritte von meiner Haustür entfernt, die nur einen Steinwurf von der Stelle entfernt ist, wo er/sie möglicherweise einen Bau angelegt hat?). Nachdem der Fuchs mich eine Weile angesehen hatte (aber was heißt schon eine Weile?), entfernte er sich so elegant wie alle Geschöpfe, die sich sicher sind, daß der Boden, über den sie schreiten, nicht weichen und nicht wanken wird. Der Fuchs schnürte durch den Beerengarten, jenen Teil des Gartens, der (eine Laune von mir) Früchten vorbehalten ist, deren Kerne im Ganzen verzehrt werden können mit einem Nutzen, den Adele Davis (sie ist inzwischen tot) vermutlich gebilligt hätte.

Was tun mit dem Fuchs? Als der Fuchs auftauchte, machte ich mir gerade keine Gedanken um den Blauregen. Im Schatten des Spindelstrauchs sah der Fuchs grau aus, sein Fell wirkte wie schmückendes Beiwerk, wie der Mantelkragen einer Person, die sich so etwas leisten kann, die Handtaschenverbrämung einer Person, die sich so etwas leisten kann, ein Wandbehang einer

Person, die sich so etwas leisten kann und wider alle Vernunft dazu nicht hatte Nein sagen können; als er (der Fuchs) in jenen Teil des Gartens spazierte, der nicht im Schatten, sondern in voller Sonne lag, war sein Fell gar nicht mehr grau, sondern wirkte wie angestrahlt, wie eine Lohe. Der Fuchs flüchtete nicht vor mir, er rückte, als ich mich vorsichtig näherte, nur Stück für Stück von mir ab. Wie er mir dabei den Kopf zuwandte und mich beobachtete, während er von mir wegstrebte, war beängstigend: Ich kann so etwas nicht. Und dann verschwand er in einem Stück Wildnis, in das ich ihm nicht folgen konnte.

Was tun mit dem Fuchs? Denn in jenem Frühjahr, in dem ich besorgt den Blauregen im Auge behielt und zusah, wie die Knubbel an den hängenden Ranken dicker wurden und kleine grüne Triebe freigaben, sah ich etwas Kleines, Rundes hinter den Rosenbüschen (*Rosa* ›Stanwell Perpetual‹) herumhopsen und dann hinter ein paar Töpfen verschwinden, in denen ich Wicken ziehen wollte. Das kleine runde Etwas bewegte sich schneller als ein Erdhörnchen, es hatte keinen langen Schwanz und war deshalb hübscher als eine Ratte; es kam langsam hinter den Töpfen hervor und riskierte einen Blick, dann kam es vollends heraus und sah mich groß an. Es war ein junges Kaninchen, und ich merkte (ich spürte, ich meinte zu merken), daß es noch nicht wußte, was Gefahr bedeutete, es war nicht unnütz und fraß (soweit ich sehen konnte) nichts, was (als Zierde oder in anderer Beziehung) einen Wert für mich hatte; es war nur insofern lästig, als es manchmal unerwartet auftauchte und mich aus irgendwelchen sorgenvollen Gedanken aufschreckte (meist mache ich mir sorgenvolle Gedanken im Garten, meist ärgere ich mich im Garten). Seine Mutter muß sich Sorgen um den kleinen Kerl gemacht haben, denn einmal sah ich, wie sie (ich denke mir, daß es seine Mutter war, ich hatte das Gefühl, es müsse seine Mutter sein) nach ihm suchte. Einmal sah ich sie aus dem Wäldchen herauskommen, ein andermal in Gesellschaft anderer Karnickel, und ich konnte sie von den anderen Karnickeln unterscheiden, denn keins der anderen war so groß wie die Mutter oder so klein wie das Junge. Und dann sah ich sie nicht mehr und dachte auch nicht mehr an sie, bis ich an jenem Tag den Fuchs aus dem Wäldchen auftauchen sah. Seither habe ich sie nicht mehr gesehen, aber das bedeutet nicht, daß ich nicht mehr an sie denke. Erst vor einer Stunde habe ich an sie gedacht, als ich drei lebende Hummer in einen Topf mit kochendem Wasser legte, und es ist möglich, daß ich morgen an sie denke, wenn ich im Lauf des Tages die Hummer esse. Kann man Hummerscheren kompostieren? Ich werde es nachschlagen, ich habe ein Buch, in dem steht, was man mit all dem machen soll, was im Garten anfällt, und manchmal beherzige ich seine Ratschläge und manchmal nicht; manchmal tue ich, was mir paßt, manchmal tue ich im Garten nur das, was mir gefällt.

Was tun? Denn dieser Sommer war wie kein anderer, und dieser Sommer war wie alle anderen. Es war mein erster Blauregen; zumindest war es mein erster Blauregen, der im Sommer blühte, davon hatte ich noch nie gehört. In diesem Sommer des blühenden Blauregens trugen die Tomaten (alles alte Sorten) nicht üppig, aber das tun sie ja nie (üppig tragen, meine ich), und erst wenn ich sie probiere (›Prudens Purple‹, ›Striped German‹, ›Green Zebra‹, ›Radiator Charlie‹), erst wenn ich andere Leute besuche, die gegen Ende der Saison überall auf dem Fußboden Tomaten auf Zeitungspapier liegen haben, Tomaten, für die nichts spricht als ›die habe ich selbst gezogen‹, sind alle Klagen vergessen. In diesem Sommer (der inzwischen jener Sommer ist) pflückte ich eine erste Portion Erbsen (›British Knight‹) und legte kurz darauf eine zweite Partie (auch die ging auf), und Gurken gab es mehr, als ich verarbeiten konnten, aber die Kartoffeln, die frühen wie die späten, bekamen alle die Braunfäule, so ist das immer mit den Kartoffeln in meinem Gemüsegarten, wo immer ich sie pflanze, wann immer ich sie ernte – sie haben unweigerlich einen Schorf, diesen oder jenen Makel, so daß sie, frisch aus der Erde geholt und in einen Korb gelegt, wenig verlockend aussehen, aber gekocht und in Butter und Petersilie geschwenkt sind sie großartig. Die Roten Beete wuchsen langsam, die Möhren wuchsen langsam, es regnete zu viel und dann wieder nicht genug.

Im Zuchtbeet blühte eine junge *Magnolia ashei*, eine große weiße duftende Blüte saß inmitten einiger größerer Blätter, aber das fiel mir nur auf, weil ... ja weil ich so gern gehabt hätte, daß der Blauregen blüht; ich sah ihn vor mir, den Blauregen, in Gesellschaft der späten Frühlingsblüher, hörte das Lied jenes Vogels, das man sogar noch weiter im Norden hört, das einem mit seiner Süße durch und durch geht, als könnte Lust auch Schmerz sein (als wäre Lust nicht auch Schmerz), sah das Blau des Blauregens (in Blüte damals) auf der einen Seite des Patio, sein weißes Gegenstück auf der anderen mit einer Unterpflanzung gelber Tulpen (›Mrs. J. T. Scheepers‹) und daneben einen fast voll erblühten Erlenblättrigen Federbuschstrauch und *Fritillaria persica*. Und als ich so unvermutet die *Magnolia ashei* blühen sah, dachte ich sehnsüchtig an den Blauregen und fragte mich, ob ich etwas falsch gemacht hatte (vom Gärtnerischen her, meine ich, obgleich das für mich meist keine Frage ist, weil ich genau weiß, *daß* ich etwas falsch gemacht habe); aber *M. Ashei* blüht schon sehr jung, das habe ich aus einem Buch, in dem es nur um Magnolien geht, *The World of Magnolias* von Dorothy J. Callaway.

Jener Sommer, dieser Sommer! Der Blauregen blühte im Sommer, als ich mir nicht vorstellen konnte, daß es so etwas wie Winter geben könnte, zu einer Zeit, da das Faktum Winter mich amüsierte, gerade so, als würde jemandem, den ich auf irrationale Weise nicht mag, ein boshafter (aber nicht lebensbedrohlicher) Streich gespielt. Winter, was ist das überhaupt? Dieser komische Zustand, wenn die Luft kalt und kein Laub an den Bäumen ist und alle Kreaturen – Mensch wie Tier – einen hungrigen Blick haben, als sei von allem nicht genug da, als würde nie wieder genug da sein. Gerade dann, gerade jetzt (in jenem Sommer, in diesem Sommer! als der Blauregen zur Unzeit blühte) war das Laub der Bäume so grün, daß es grüner nicht mehr werden konnte, von jetzt an würde Grün nur Grün sein und nicht mehr, und der Rasen würde nicht mehr satt und saftig dastehen, sondern nur noch unordentlich und verfilzt und reif für den Rasenmäher, und … und … und. Wie schön, wenn man über Nichtigkeiten jammern kann, besonders in einem Garten. Denn jener zur Unzeit blühende Blauregen und der Schmetterlingsstrauch, der seinerseits nicht allzu weit von dem Staudenphlox ›Norh Leigh‹ entfernt ist, der wiederum mitten im Staudenphlox ›David‹ wächst – all das war damals (jetzt) meinem Auge wohlgefällig; wenn ich mich nach links oder rechts drehte (gegen den Uhrzeigersinn oder im Uhrzeigersinn), sah ich vor mir das, was ich als den Höhepunkt dieses (meines) Gartenjahres bezeichnen möchte: Die mehrjährige Wicke (*Lathyrus latifolius*), die auf ihre gierige Art blühte (allen Platz um sich herum und noch ein wenig mehr verschlingend); mehrere Kultivare der blauen Kardinalslobelie (gekauft bei Dan Hinkley, weil mir seine Beschreibung so gut gefiel, und ich behalte mir vor, diese Lobelie genau so zu sehen, wie Dan sie beschrieben hat), die kurz vor der Blüte stehen; eine zufällige Zusammenstellung großblütiger Ballonblumen in Blau und Pink; eine große Menge hoher Eisenhüte, die ich nicht hochgebunden habe, so daß sie sich vornübergebeugt und mit den mehrjährigen Wicken vermischt haben, die ihrerseits einen Satz reinweißer Blüten in das trockene Braun hinaufschickten, das einmal die Riesenblüte des Meerkohls war (eine ideale Lösung, denn Weiß mit Weiß zu ersetzen wäre mir absichtlich nie gelungen); und die Ranken der *Clematis paniculata*, deren angenehm penetrant riechende Blüten Anfang September erscheinen werden (was ich in diesem Sommer des wunderlich blühenden Blauregens allerdings nur vermuten kann); die sehr spät blühenden Eisenhüte, der abblühende Rittersporn (einige von Dan Hinkleys Sorte ›Melissa's Hope‹, andere von Bob Stewards empfohlenen McClegnan's Hybriden), die Malven (*alcea* und *moschata)*, die ich erst nicht mochte und ohne die ich jetzt (damals) nicht glaube leben zu können, weshalb ich sie, wenn sie üppig blühend in fremder Leute Gärten stehen, neidisch und mit pflichtschuldiger Bewunderung betrachte; die Tigerglocke, die verlangt, daß man sich vorbeugt – *ver*beugt –, wenn man sie sehen will, und das sollte man tun, denn es lohnt sich. Und den Kopf von rechts nach links drehend, überquere ich den Weg, der diesen Teil des Gartens abtrennt (eine Annehmlichkeit) – und auf der anderen Seite herrscht schiere Scheußlichkeit, ein paar Becherpflanzen, Federmohn und anderes (eine Gruppe gelber Stockrosen, gelber Calla, gelb und fast gelb blühender Fackellilien, aber mir gefallen sie); ein hochgeschätzter Strauchtabak *(Nicotiana glauca,* glaube ich, nicht *Nicotiana tomentosa*, allerdings weiß ich nicht, wie sie sich voneinander unterscheiden, und im Grunde ist es mir auch nicht wichtig); ein Bananenbaum *(Musa* ›Lord Cavendish‹) im Kübel, der sich vor dem Hintergrund ihm fremder Pflanzen (Immergrüne, Eisenhut) wohlzufühlen scheint; in zwei Töpfen die dunkelrote Dahlie ›Bishop of Llandaff‹ (gekauft bei Dan H.), die mit den glänzenden Blättern; der gelb blühende Schmetterlingsstrauch; die immerblühende Rose ›Pristine‹, die einmal blühenden Rosen ›Henry Kelsey‹ und ›Alchymist‹ und die für mich hin und wieder blühende ›Stanwell Perpetual‹; zwei Clematis aus dem Himalaya von Dan H. (deren Namen ich mir nicht merken kann, von denen ich nur noch weiß, daß er ihre Qualitäten in den höchsten Tönen lobte, und auch die kann ich mir nicht merken, ich weiß nur, daß ich sie sehr liebe und daß sie meines Wissens von keinem anderen Gärtner gezüchtet werden); der weiße Blauregen, der nicht geblüht hat, was mich aber nicht weiter beunruhigt (er hat gerade viele Triebe nachgeschoben, und ich möchte annehmen, daß daraus einmal Zweige werden und daß aus den Zweigen Stengel wachsen und an den Stengeln ... Blüten?); und dann die *Lilium orientalis* ›Black Beauty‹, die aber zu meinem Leidwesen nicht schwarz ist – eine Blume, die schwarz ist, schwarz wie die Nacht oder wie etwas, das man sofort als schwarz erkennt, ist so selten in einem Garten, bei einer Blume, daß ich sie mir sehnlichst wünsche; und dann bleibe ich in dieser Momentaufnahme des Gartens da stehen, wo der *Agapanthus* ›Blue‹ des großen Züchters Eric Smith in einem Tonkübel in voller Blüte steht. Ich liebe Eric Smith, zumal ich ihn nur auf sehr unpersönliche Art kenne: Ich weiß nicht, ob er Fleisch lieber mag als Gemüse oder Wolle lieber als Baumwolle, ich weiß nur, daß wir die meisten kleinblättrigen blauen Funkien (besonders ›Halcyon‹) seinem Interesse und seinen Bemühungen zu verdanken haben.

Ich finde es wunderbar, wenn die Dinge auf mich einstürmen, ich liebe die Dichte, das im Moment des Geschehens für alle Ewigkeit Zusammengedrängte, so daß der Versuch, es zu verstehen, dem Aufdröseln einer großen Stoffbahn gleichkommt, die man glatt hingelegt und gerahmt und als Wandbehang mit Bedeutung befrachtet hat. In diesem Sommer – jenem Sommer – kamen dann die Abende, und die Vögel sangen ihre Lieder, die ich – je nach Stimmung – ärgerlich oder fürchterlich oder heiter fand oder einfach vogelgemäß, sofern meine Stimmungslage mir erlaubte zu begreifen, daß so ein Vogel sich eben häufig vogelgemäß verhält. Eines Tages, als ich am Blauregen herumrätselte oder herumquengelte (was im Grunde auf das gleiche herauskommt), hörte ich das laute Hämmern eines Spechtes, und als ich aufblickte, sah ich, wie er mit dem Schnabel den Dachrand meines Hauses bearbeitete. Vormittags schlafe ich gerne lange, so lange, bis die Sonne fast senkrecht am Himmel steht, nicht ganz, nur fast, und manchmal weckte mich, wenn ich schlief und gerade einen besonders schönen Traum hatte, jenes Hämmern, nicht so wie das Hämmern eines Tischlers, der sich an meiner Hauswand zu schaffen machte, aber eindeutig ein Hämmern. Ein Mann – kein Tischler – kommt einmal im Monat zu mir, um die Nager in meinem Haus in Zaum zu halten (oder, anders ausgedrückt, dafür zu sorgen, daß keine Nager in meinem Haus leben oder aber, wenn sie es versuchen, bald sterben). Als dieser Mann mein Haus auf Stellen absuchte, durch die Nager eindringen könnten, sah er die Löcher, die der Specht gehämmert hatte, und sagte: »Da sitzen Insekten drin, die fressen alles auf.« »Was soll ich tun?« fragte ich, und er sagte etwas, was ich absichtlich vergessen habe, denn wenn ich einen toten Vogel in der Nähe des Hauses und im Garten finde, überlege ich jetzt immer, ob er Insekten gefressen hat, die mein Haus auffressen. Ich habe den Specht tot in der gelben Rabatte gefunden, ich habe tote Rotkehlchen nicht weit von der gelben Rabatte gefunden. Was tun? Und als ich nicht mehr aus noch ein wußte und mit mir selbst im Streit lag wegen meiner Ängste und meiner Verantwortung anderen gegenüber (Vögeln, wohlgemerkt!), erschien der nächste Specht und hämmerte am Haus herum und war einmal so laut, daß ich mich nicht auf meine Lektüre konzentrieren konnte (ich las gerade Jeremias, den jüdischen Propheten). Und dann fand ich die zerbrochene Schale von einem Rotkehlchenei im Zwergkiefernbeet, und ein Vogel, dessen Namen ich nicht kannte, baute ein Nest hinter den roten Fensterläden und legte Eier hinein, und die Mutter war sehr rücksichtsvoll, aber ihre Kinder waren eine schreckliche Plage, besonders morgens um halb sechs.

Und in jenem Sommer – diesem Sommer –, in dem der Blauregen zur Unzeit blühte, regnete es zuerst zu viel und dann nicht genug und dann wieder zu viel und dann einfach gar nicht mehr. Es war keine Dürre, und mit Dürre meine ich das Ausbleiben von Regen und zugleich eine Hitze, die zielstrebig (bösartig) tief in den Boden hineinreicht und ihm so viel Feuchtigkeit entzieht, wie sie nur finden kann, so viel Feuchtigkeit, daß ich mich sorge und dann aufrege und dann ärgere. Wieviel Ärger so ein Garten bringt und wieviel Freude – denn es ist nicht die Art von Ärger, die uns überkommt, wenn wir nach längerer Zeit ein Lieblingskleid anziehen wollen und feststellen, daß die Knöpfe in der Taille oder am Ausschnitt oder an einer kritischen Stelle im Rücken fehlen oder sich nicht mehr mit den Knopflöchern vereinigen lassen. Ärger im Garten führt nicht zu Gesichtsverlust, sondern nur zu der Frage »Was tun?« – und damit zu großem Glück.

Die gelbe Rabatte ist problematisch, die Trompetenlilien sind zu ... zu ... ich weiß nicht, jedenfalls passen sie nicht in die gelbe Rabatte, sie wirken wie ein Fremdkörper, und ich habe nichts, was zur gleichen Zeit blüht und ihnen angemessen Gesellschaft leisten könnte. Die Fackellilie blüht zur gleichen Zeit, ist aber als Gegenstück ungeeignet, sie dürfte nicht so nah bei den Trompetenlilien stehen. Die gelben Stockrosen (*Alcea ficifolia*), die die Trompetenlilien überragen, machen sich gut, aber ich habe nicht genug von ihnen, und das hat seinen Grund – ich konnte mir nicht so viele leisten, wie ich gebraucht oder gerne gehabt hätte. Kein Geld zu haben finde ich demütigend. Ich lege gar keinen Wert auf Geld, schön finde ich nur das Ausgeben, und wenn ich es ausgebe, kann ich manchmal meinen Mitmenschen eine Freude machen; mir selbst aber bringt das Geldausgeben oft Enttäuschungen, denn Befriedigung ist für mich ein nur schwer erreichbarer Zustand (aber gerade deshalb darf man nicht lockerlassen), wie im Fall des scheußlichen Sonnenhuts (*Rudbeckia maxima*), der in einem allgegenwärtigen Gelb blüht (manchmal ist das Allgegenwärtige ermutigend, erbaulich und inspirierend, ein andermal das genaue Gegenteil). Und in jenem Sommer – diesem Sommer –, als ich im Garten herumstrich und mir das mißlungene gelbe Staudenbeet ansah (und begriff, wie sehr ich bestimmte Formen und Farben mißverstanden hatte und die Wirkung der einzelnen Pflanzen, die zusammen ein Ganzes bildeten), war ich der Verzweiflung nahe (aber einer Verzweiflung der lustvollen Art, um die sich alle Menschen bemühen sollten, die in jenem Teil der Welt leben, der im Sudan anfängt und in Südafrika aufhört). Und während ich so herumging, in einer Haltung, die ihre eigene Integrität hat (und mit Sicherheit ganz anders ist als die, die ich in Pfadfinderuniform für richtig gehalten hatte, wenn ich jemandem gegenübertreten mußte, der mir schon qua Geburt überlegen war), kam mir noch eins meiner Mißverständnisse unter die Augen: Die Weißbuche ›Pendula‹ gedieh sehr erfreulich in der Mitte des

Beetes, das ich ›Hispaniola‹ genannt hatte, aber ich hatte um diese schöne Pflanze mit dem Stamm, der einem kräftigen Rückgrat gleicht, mit den langen hängenden Zweigen und gerippten Blättern Wiesenraute und gelbe Skabiosen gepflanzt, Mädesüß ›Venusta‹ und Federmohn und Lobelien (gewöhnliches Blau) und Schildblumen (Pink) und ein paar Exemplare von *Aster tataricus*, spät blühenden Eisenhut und yukkablättriges Mannstreu; die arme Weißbuche ›Pendula‹ sah aus wie eine Waise, die man bei Pflegeeltern untergebracht hat, die ihr nicht so viel Zuwendung entgegen bringen, wie ihr ihrer Meinung nach zusteht.

Ich versetzte die gelbe Skabiose in das gelbe Beet – sie ist gelblich und groß und luftig und will überall da hin, wo sie glaubt, gern gesehen zu sein (fast wie ich, nur daß ich nicht gelb bin). Im nächsten Jahr, in der nächsten Saison, in kommenden Sommern (ich versuche, mich in kommenden Sommern zu sehen und glaube an meinen Fortbestand in kommenden Sommern weit weniger als daran, daß wieder Winter wird), sehe ich sie in luftiger, das heißt unaufdringlicher Bewegung vor den Kletterrosen (*R. filipes* ›Kiftsgate‹, ›Paul's Himalayan Musk‹ und anderen, deren Namen mir nicht mehr einfallen und deren Rechnungen ich verlegt habe) als Ersatz für die *Rudbeckia*; dann wird die Fackellilie Begehrlichkeiten wecken (»Die hätte ich auch gern!« wird eine Freundin sagen), die Stockrosen werden wie eine neue Idee wirken und die Pflanzung auf der anderen Seite des Weges (mehrjährige Wicken, Lobelien, Rittersporn, Eisenhut, Ballonblumen, Tigerglocke, die herbstblühende Clematis, die sich um die längst verwelkten Blütenstände des Meerkohls geschmiegt hatte und die im Frühherbst kleine weiße sternförmige Blüten hervorbringt, die nach Honig oder etwas ähnlichem duften, was man am liebsten essen oder worin man am liebsten baden würde) – diese Pflanzung, sage ich, wird ein völlig anderes Gesicht bekommen. Die gelben Skabiosen werden in all das, in meine Vision dieses Teils vom Garten, jene Ruhe bringen, die zu Befriedigung führt, einer Befriedigung, die einem Besinnung schenkt und Zufriedenheit (selbst wenn diese Zufriedenheit einen umtreibt; es ist eben die Art von Zufriedenheit, die zu Umtriebigkeit führt, zu einer Umtriebigkeit des Denkens). Die gelben Skabiosen stammen aus Ost- und Südeuropa und hatten sich bestimmt nicht träumen lassen, daß ihnen ein Platz in meinem Garten und meinem Gartenplan bestimmt war: Sie werden die Stockrosen zum Leuchten bringen, sagte ich mir (die auch so schon wunderschön anzusehen waren und das eigentlich gar nicht nötig hatten, aber warum nicht?). Ich versetzte die gelbe Skabiose; sie welkte schlagartig, von der Spitze bis hinunter zum Boden. Wenn ich im nächsten Jahr (jenem Sommer, diesem Sommer!) sehe, was bei meinem Wirken, bei meinem Ärger herausgekommen ist, wird mich bestimmt entweder meine Freude über den Erfolg verunsichern oder ich werde mich über das Ergebnis meiner Fehleinschätzungen schrecklich ärgern.

Das Haus

In dem Haus, in dem ich lebe, kann ich aus zehn der dreißig Fenster einen Berg sehen, den Mount Anthony. Nach wem er benannt ist, weiß ich nicht, aber als Name für einen Berg finde ich Anthony nicht besonders passend. Er verleitet zu Vertraulichkeiten, und bei einem solchen Berg sind Vertraulichkeiten fehl am Platz. Mount Tony ... Solche Gedanken kommen mir, wenn ich im Haus sitze und den Berg betrachte. Im Freien nehme ich ihn so gut wie gar nicht wahr. Im Freien habe ich anderes zu tun.

Ich liebe das Haus, in dem ich lebe. Noch ehe ich es je betreten hatte, noch ehe ich auch nur das mindeste darüber wußte, liebte ich es. Ich fuhr daran vorbei und sah es auf der kleinen Anhöhe stehen, scheinbar sehr fern (weil es mir – uns – damals nicht gehörte), geheimnisvoll mit seinen braunen Schindeln, den roten Fensterläden, umgeben von überaus unvornehmen Nadelbäumen (damals wußte ich noch nicht, daß sie unvornehm waren), ein Haus, das sich bescheiden gab und gerade durch diesen Anschein der Bescheidenheit die Aufmerksamkeit auf sich lenkte. Ich sehnte mich danach, in diesem Haus zu leben, ich wünschte es mir sehr. Ich war damals eine erwachsene Frau, hatte mein erstes Kind zur Welt gebracht und hätte längst die Frage klären müssen, wo und in was für einem Haus ich leben wollte, denn das Seßhaftwerden ist eine äußerliche Metapher für etwas, das sich im Inneren des Menschen vollziehen muß, ein zur Ruhe kommen, damit man sich auf dieses andere konzentrieren kann – darauf, das eigene Leben zu führen, ein Kind großzuziehen. Aber ich sah ständig dieses Haus und sehnte mich danach. Besonders gut zu sehen war es im Winter, denn dann hatten alle Bäume außer den unvornehmen Nadelbäumen ihr Laub verloren, und das Haus war deutlicher zu erkennen. Auch diese anderen Bäume waren gartenkundlich uninteressant, waren ganz gewöhnliche Ahornbäume, die sich überall aussäen, einander das Licht nehmen und dadurch schief und krumm wachsen, und Virginische Traubenkirschen. Besonderes schön ist das Haus im Winter, wenn alles verschneit ist und die kleine Anhöhe, auf der es steht, sich schneebedeckt zu einer Wiese hin senkt, und ich stellte mir vor, wie meine Kinder (als ich das Haus zum ersten Mal sah, hatte ich ein Kind, aber ich wußte, daß es dabei nicht bleiben würde, ich wollte immer mehr als ein Kind, aus durchaus eigensüchtigen Gründen, aber gibt es bei Kindern andere Gründe?) in Schneeanzügen auf Schlitten den Hang herunterrutschen würden. Diesen Anblick habe ich jetzt ziemlich regelmäßig an Wintertagen, wenn Schnee liegt, aus dem gleichen Fenster, von dem aus ich den nach einem Anthony benannten Berg betrachte.

Ein Haus definiert sich körperlich, das Zuhause definiert sich geistig. Mein Haus ist leicht zu beschreiben: Es ist aus Holz gebaut (die Balken aus Douglasfichte, die Schindeln aus Rotzeder), es hat vier Schlafräume, eine Veranda, auf der man auch schlafen kann, zweieinhalb Badezimmer, eine Küche, die in den großen Raum übergeht, in dem wir essen, ein Wohnzimmer, einen Wintergarten, ein Zimmer über der Garage, in dem mein Mann arbeitet, ein Zimmer, in dem ich arbeite. Das ist mein Haus. Mein Zuhause zu beschreiben ist schon sehr viel schwieriger; es setzt sich aus vielen, vielen Komponenten zusammen.

Das Haus, in dem ich jetzt lebe, wurde 1935 von einem gewissen Robert Woodworth für sich und seine Frau Helen und ihre drei Kinder gebaut. Ich bin mir dessen sehr bewußt, denn fast täglich erinnert mich etwas daran: Der Blick auf den Mount Anthony, die unspektakulären Nadelbäume, wenn irgend etwas – die Sanitäranlagen – kaputtgeht und repariert werden muß, die für ein so großes Haus geringen Heizkosten (es ist gut isoliert), das Zimmer, in dem ich schreibe. In diesem Zimmer ist er gestorben. Ein Barometer, auf das er vielleicht täglich einen Blick geworfen hat, hängt noch an dem Platz, an dem er es wohl vor vielen Jahren aufgehängt hat. Das Wetter interessiert mich nur insofern, als es sich auf meinen Garten auswirkt, deshalb ist das Barometer für mich eine Art Wandschmuck. Robert Woodworth war Botaniker und lehrte dieses Fach am nahegelegenen College. Er hat die Zeitraffer-Photographie erfunden. Ich weiß nicht, ob die aufregende und ungewöhnliche Kollektion von Wachslilien, Dreiblattgewächsen, Tränenden Herzen, Salomonssiegeln und Maiäpfeln in dem Beet vor dem Küchenfenster dieselbe ist, die man in seinen Filmen über Zeitraffer-Photographie sieht. Er hatte einen Gemüsegarten und hielt Hühner. Neben dem Gemüsegarten stand ein Hühnerhaus, das ich habe abreißen lassen, nach langem inneren Ringen, denn es war ein schönes Gebäude im Vermonter Stil, das auffiel, weil es so schlicht war – genau wie das Haus. Ich liebte das Hühnerhaus. Ich glaube, ich war nicht da, als es abgerissen wurde.

Es gibt Menschen, die sich noch erinnern, wie Robert Woodworth das Haus ohne Hilfe eines Architekten selbst gebaut hat; seine drei Kinder zum Beispiel, damals Jungen, jetzt erwachsene Männer; ein Grundstücksmakler erinnert sich noch, wie er als kleiner Junge mit Robert Woodworth zur Gemeindeverwaltung ging, um sich einen Bagger zum Ausheben der Baugrube für das Fundament zu leihen. Es ist ein hervorragendes Fundament, wie mir Leute, die von diesen Dingen etwas verstehen, immer wieder versichern. Der mittlere Sohn erzählt von den Schwierigkeiten mit der Baugrube; Bagger waren damals noch nicht die kraftvoll-leichtgängigen Maschinen, in die mein Sohn Harold heute so verliebt ist, man brauchte zu ihrer Bedienung einige Muskelkraft. Außerdem ist der Boden in Vermont extrem steinig. Der jüngste Sohn erinnert sich, daß später, als das Haus fertig war und sie schon darin wohnten, sein Vater meinte, Helen – Mrs. Woodworth, die Mutter der drei Jungen – würde sich bestimmt über einen Wintergarten freuen, er hat zugesehen, wie sein ältester Bruder dem Vater dabei half, ihn zu bauen – einen Raum mit freiliegenden Balken und Steinboden, in dem seine Frau geschützt vor der heißen Sommersonne sitzen konnte. Von dort, dem Wintergarten aus, hat man einen hinreißenden Blick auf den Mount Anthony; der Wintergarten hat außerdem keine geraden, sondern gerundete Schiebefenster, Sonderanfertigungen. Die meisten Schreiner, sagte mir jemand, ein Architekt, hätten heutzutage mit solchen Fenstern Probleme. Komfort, das Geburtsrecht des modernen Menschen, darf man beim Öffnen und Schließen dieser Fenster nicht erwarten, aber ich könnte sie nie gegen andere austauschen, so wie ich es mit den Winterfenstern in den anderen Räumen gemacht habe. Die mußten im Sommer herausgenommen und im Winter wieder eingesetzt werden. Mein Mann und ich gerieten ständig darüber in Streit, wer diese unangenehme Aufgabe übernehmen sollte. Er ist in einer Stadtwohnung großgeworden und war daran gewöhnt, einen dienstbaren Geist für alles zu rufen, was in seiner Familie niemand machen konnte oder wollte; bei dem Klima, in dem ich aufgewachsen bin, machte man die Fenster auf oder zu, um Licht fernzuhalten oder einzulassen, und dieser Aufgabe waren alle gewachsen, selbst die Kinder.

Der Blick auf mein Haus wird für mich bestimmt durch die Empfindungen des jüngsten der drei Söhne, die in dem Haus aufwuchsen, in dem ich jetzt lebe, durch seine bleibende Bindung an dieses Haus. Er weiß noch, wann jene ganz gewöhnlichen Nadelbäume gepflanzt wurden, weiß noch, wie groß sie damals im Verhältnis zu seiner eigenen Größe waren. Dann sieht er sich die Bäume an, hebt die Hand ein Stück weit über seinen Kopf und sagt: So viel größer als er waren sie, als sie gesetzt wurden. Natürlich war er kleiner, als er jetzt ist, denn damals war er ein Junge, und jetzt ist er ein Mann, aber wenn er die Bäume ansieht und von ihnen spricht, spricht er von Dingen, die – ob er sich ihrer bewußt ist oder nicht – nie eindeutig kommuniziert werden können und auch nicht eindeutig kommuniziert werden dürfen. Er spricht von einem Geheimnis. Woher kamen die Bäume, und warum hat sein Vater sie gesetzt? Sie sind für mich nicht wirklich interessant, sie sind keine Raritäten. Ich habe einmal einen Botaniker kommen lassen, der sie sich ansehen sollte, den Nachfolger von Robert Woodworth an dem College, an dem er gelehrt hat. Der Botaniker befand, sie seien völlig unbeachtlich, ganz gewöhnliche Hemlocktannen, norwegische Fichten, Kiefern. Er meinte damit, die Bäume seien ohne botanisches Interesse; aber er hat nie erlebt, wie der jüngste Sohn Robert Woodworths sein erwachsenes Ich an dem erwachsenen Baum maß. Um heute den Wipfel des ausgewachsenen Baumes sehen zu können, muß er den Kopf zurücklegen, bis er sich mit dem Schlukken schwertut, und lange kann er es in dieser Stellung nicht aushalten.

Irgendwann hatte ich einen Mann zum Abendessen eingeladen, der viel davon verstand, wie man Gärten gestaltet und ihnen ein modernes Gesicht gibt. Ihm gefiel nicht, wie ich meinen Garten angelegt hatte, die Bäume müßten weg, meinte er. Ich werde ihn wahrscheinlich nie wieder einladen, nur weiß er das noch nicht. Als er fort war, bin ich von Baum zu Baum gegangen und habe mich entschuldigt. Ich finde nichts Lächerliches dabei, mich bei einem Baum zu entschuldigen.

Von den Menschen, die in meinem jetzigen Haus Kinder waren, haben es einige sehr bedauert, daß es nicht in der Familie bleiben konnte. Das verstehe ich so gut, daß ich ihnen gesagt habe, sie könnten jederzeit kommen und sich das Haus anschauen, und ich habe ihnen auch gesagt, sollten wir es je verkaufen wollen, würden wir uns bei ihnen allen melden, bei den Kindern und Kindeskindern der Woodworths, und es ihnen zuerst anbieten. Wir, mein Mann und ich, glauben, daß wir, wenn es irgend möglich ist, nie irgendwo anders leben werden; natürlich wissen wir nicht, ob das möglich sein wird, aber glauben darf man so etwas immerhin. Als die Woodworths das Haus ausräumten, nachdem sie es an uns verkauft hatten, nahmen sie das eine und das andere mit, was ihnen etwas bedeutete. Eine Enkelin nahm ein Bett mit, in dem sie geschlafen hatte, wenn sie bei den Großeltern zu Besuch gewesen war, jemand anders nahm das Kamingeschirr mit, weil es etwas Besonderes war und bestimmte Erinnerungen daran hingen. Wer die Reproduktion eines Stiches mitgenommen hat, der die puritanische Legende von Miles Standish und Priscilla Alden zeigt, weiß ich nicht mehr. Als wir Mrs. Woodworths Küche abbauten, bat uns jemand nachzuschauen, ob vielleicht Rezeptkarten hinter die Anrichte gefallen waren, sie erinnerten sich an ein Rezept mit Baiser und fragten immer wieder nach, ob wir auch bestimmt nichts gefunden hätten. Einer der Woodworths nahm Ableger von Mrs. Woodworths Rosen mit, weil sie vor vielen Jahren aus dem Garten ihrer Mutter aus Maine gekommen waren. Ich kann mir nicht vorstellen, daß meine Kinder kurz nach meinem Tod (ich glaube, daß ich den Rest eines sehr langen Lebens hier verbringen werde) in dieses Haus kommen werden – denn meine Kinder sind Amerikaner, und Amerikanern ist es nicht gegeben, als Erwachsene dort zu leben, wo sie geboren wurden –, um nach Edna Lewis' Kochbuch zu fahnden, in dem die Rezepte für Maispudding und Brathähnchen und Plätzchen stehen, Lieblingsgerichte unserer Familie; auch nach den vier Bänden von Elizabeth Davids Kochbüchern werden sie nicht fragen, in denen ebenfalls Rezepte stehen, die unsere Familie schätzt, nicht zuletzt das für den Sommerpudding, ein Dessert aus Beeren und altem Brot, wobei ich die Beeren erst als Erwachsene im eigenen Garten kennengelernt habe und gegen das Brot immer – allerdings nur aufgrund von Kindheitserinnerungen – eine Abneigung hegte –, oder nach dem immer wieder durchgeblätterten, aber in der Praxis nie benutzten Band *Mrs. Beeton's Guide to Household Management*. Ich kann mir nicht vorstellen, daß meine Kinder je bereit wären, zuzugeben, daß sie von uns abstammen und nicht vom Himmel gefallen sind – ein Lieblingswunsch von mir, nachdem ich begriffen hatte, daß meine Eltern, um mich zu bekommen, miteinander hatten schlafen müssen. Erst neulich hörte mein Mann meine Tochter zu ihren Freundinnen sagen: »Da kommt mein Dad, der Dussel.« Als Dussel bezeichnet zu werden fand er nicht eben schmeichelhaft und fragte die anderen Mädchen: »Hey, sehe ich denn so dusselig aus?«, und statt unisono zu beteuern: »Nein, du bist der wunderbarste Vater, den wir jemals das Glück hatten kennenzulernen«, starrten die Mädchen nur auf ihre Schuhspitzen, was er als wortlose Zustimmung auffaßte. Aber unsere Kinder sind noch Kinder, eins ist sechs, das andere zehn. Sie denken vielleicht, daß wir ewig leben, daß wir nie fortgehen, daß sie nie die Möglichkeit haben werden, sie selbst zu sein, ohne daß wir sie an ihre Hilflosigkeit, ihre Abhängigkeit von uns erinnern. Vielleicht fehlen einem Torten mit Baiserüberzug und Sommerpudding nur, wenn man sie genau so nie wieder bekommen wird.

Wie geringfügige Begebenheiten verlaufen, interessiert nur geringe Geister. Aber geringfügige Begebenheiten sind immer auch häusliche Begebenheiten, und die findet man überall da, wo man ruhig einmal kleckern darf. Als häusliches Umfeld würde ich jeden Raum definieren, in dem es einem nicht peinlich zu sein braucht, Körperflüssigkeiten auszuscheiden. Dazu muß man aber natürlich erst das eine oder andere zu sich genommen haben – und in diesem Punkt leisten Edna Lewis und Elizabeth David und Mrs. Beeton wertvolle Hilfestellung. Die Welt kreist um die geringfügigen Begebenheiten. Jeder, der in irgendeiner Weise aktiv ist, verläßt früher oder später sein Zuhause. Dieser Schritt wirkt sich auf den oder die Zurückbleibenden und – manchmal besonders dramatisch – auf die neuen Bekanntschaften aus. Die geringfügigen Begebenheiten dagegen verändern – wenn sich die Welt denn um sie dreht – nur dich, nur du bist von ihnen betroffen.

An einem frühen Januarmorgen vor vier Jahren war ich mit meiner Freundin Meg beim Joggen, und unser Gespräch hatte einen Punkt erreicht, an dem wir wegen der darin zum Ausdruck kommenden Gefühle stehen bleiben mußten – es ging um unsere Kinder (ihre drei und meine zwei) im besonderen und um die Welt im allgemeinen –, als ich plötzlich das Haus, in dem ich jetzt lebe, aus dem jungen Tageslicht auftauchen sah. Ich stand etwa hundert Meter davon entfernt, aber in diesem Augenblick schien das Haus sehr fern, verborgen hinter einem Wald jener wenig spektakulären Nadelbäume (damals kamen sie mir vor wie ein Wald, in Wirklichkeit waren es nur wenige) und natürlich verborgen hinter dem Schleier des Unbekannten, denn ich hatte es ja nie betreten, hatte es nur von der Straße aus gesehen und mir sehr gewünscht, darin zu leben. Als ich es an jenem Morgen beim Laufen mit meiner Freundin Meg sah, sagte ich zu ihr: »In diesem Haus möchte ich gerne wohnen«, und sie antwortete: »Das ist das Haus von Robert Woodworth, und mir ist, als hätte ich gerade gelesen, daß er gestorben ist. Ich wette, das Haus ist zu verkaufen. Ich wette, seine Kinder wollen es nicht behalten.« Erst jetzt kann ich ermessen, was für ein Luxus es ist, wenn nach dem Tod eines Menschen seine Kinder entscheiden können, sich von den großen Dingen, die er ihnen hinterlassen haben mag, zu trennen und nur die Rezepte für Kuchen und Ableger alter Rosen zu behalten, wenn sie nach den Erinnerungen greifen und nicht nach dem Materiellen, dem Haus. Die Kinder von Robert Woodworth wollten das Haus tatsächlich verkaufen. Es stimmte sie traurig, sie hatten ihren Vater geliebt, sie hatten ihre Mutter geliebt, sie hatten gerne in diesem Haus gelebt, ihre Kinder hatten mit ihren Großeltern herrliche Sommer in diesem Haus verbracht. Aber die Kinder von Robert Woodworth sind Amerikaner. Amerikaner leben nicht in den Häusern, in denen sie ihre Kindheit verbrachten.

Der Erwerb von Robert Woodworths Haus stürzte uns, meinen Mann und mich, in eine Krise. Wir wohnten damals in einem Haus, das für uns zu klein geworden war: Wir hatten es als dreiköpfige Familie bezogen – Mutter, Vater, eine zweijährige Tochter. Als ich zu meiner Freundin Meg sagte, wie gern ich in Robert Woodworths Haus leben würde, waren wir zu viert. Dieses Haus war mindestens zwanzigmal so groß wie das, in dem ich aufgewachsen bin, ein Haus in einem armen Land mit tropischem Klima, aber ich lebte nun schon lange in Amerika und hatte mich den amerikanischen Gepflogenheiten angepaßt, mindestens zwanzigmal so viel von den verfügbaren Ressourcen in Anspruch zu nehmen, wie wir brauchten. Dieser Wesenszug ist keine Habgier. Ein habgieriger Mensch ist häufig unwirsch und unleidlich. Amerikaner sind – zumindest soweit ich sie persönlich kenne – weder unwirsch noch unleidlich, sie bleiben, während sie mindestens zwanzigmal mehr von allem in Anspruch nehmen, als sie brauchen, immer heiter und vernünftig. Für vier Personen brauchten wir ein größeres Haus. Wir beschlossen, unser Haus zu verkaufen, um das von Robert Woodworth kaufen zu können, und setzten uns mit einer Grundstücksmaklerin in Verbindung, die uns riet, eine Summe zu fordern, die um ein Vielfaches über dem lag, was wir für unser Haus bezahlt hatten, höchstwahrscheinlich würden wir damit noch einen Gewinn machen, sagte sie. Aber niemand wollte unser Haus kaufen, weder für den Preis, den wir verlangten, noch für einen etwas geringeren oder einen wesentlich geringeren. Unser Haus stand da. Täglich beteten wir um einen Käufer, täglich beteten wir darum, niemand möge das leerstehende Woodworth-Haus bemerken, niemand möge erkennen, wie schön es war, wie glücklich man dort würde leben können. Ein kleines Plus hatten wir, meine Familie und ich: Allem Anschein nach wollten die Woodworth-Kinder das Haus am liebsten uns geben, denn mein Mann ist Komponist, und da in ihren Kindheitserinnerungen das Klavier ihrer Mutter Helen und das Banjo ihres Vaters Bob eine große Rolle spielten, stellten sie sich vor, daß bei uns das Haus wie in ihrer Kinderzeit voller Musik sein würde. Sie hatten recht. Das Haus ist oft voller Musik, auch wenn es manchmal die Musik der Lieblingsband von Annie und Harold ist, einer Gruppe, die sich *Green Day* nennt. Jedesmal, wenn wieder ein Termin für jene wichtige Komponente der Hauskauf- und Hausverkaufszeremonie gekommen und verstrichen war, die sich »Eigentumsübertragung« nennt, riefen wir ängstlich die Woodworth-Kinder an und berichteten von unserem Dilemma, und jedesmal beruhigten sie uns und versprachen, sie würden noch ein wenig damit warten, das Haus – auch das eine wichtige Komponente besagter Zeremonie – »auf den Markt« zu bringen.

Eines Tages – sieben Monate, nachdem ich frühmorgens mit Meg gelaufen war und Robert Woodworths Haus gesehen und ihr gesagt hatte, wie gerne ich darin wohnen würde, besichtigten zwei junge Leute unser Haus (es war gelb gestrichen, gelb wie die Häuser in Finnland, nicht in dem Gelb der Karibik, wo ich herkomme; ich hatte mich für diese Farbe bewußt entschieden und brachte damit etwas zum Ausdruck, was sehr weit verbreitet ist, nämlich das zu mögen, was man selbst nicht ist). Sie boten eine Summe, die wir sofort akzeptierten, was ihren Argwohn erregte, denn sie hatten sich auf eine weitere Hauskauf- und -verkaufszeremonie eingestellt, das Gegenangebot. Ich hatte es mit dem Auszug so eilig, daß etliche *Paeonia* ›Festina Maxima‹ zurückblieben, die ich geschenkt bekommen hatte, gewonnen durch das Teilen einer fünfzigjährigen Pflanze. Wenn ich jetzt im Juni an meinem alten Haus vorbeifahre und sie so prachtvoll blühen sehe, tut es mir leid, daß ich den Käufern meines Hauses nicht gesagt habe: »Ja, der Preis ist in Ordnung unter der Bedingung, daß ich meine ›Festina Maxima‹ mitnehmen darf, denn es ist nicht nur die schönste Päonie, die es gibt, sondern es ist die erste Staude, die ich, als ich Gärtnerin wurde, selbst geteilt habe und die mir ans Herz gewachsen ist.«

Ich erinnere mich nicht mehr an den Tag, an dem unser früheres Haus verkauft wurde, auch nicht mehr an den Tag, an dem Robert Woodworths Haus unser Haus wurde. Ich weiß nur noch, daß bei keinem der Erben Platz genug war für Helens Flügel. Sie boten ihn uns zum Kauf an, aber wir konnten uns nur mit Mühe und Not die Anzahlung für das Haus leisten und mußten deshalb ablehnen. Jetzt steht er in unserem Wohnzimmer und wartet darauf, daß er auf Dauer bei einem von Helens Enkelkindern unterkommen kann. Meine Kinder üben auf Helens Flügel, und um Helens Flügel entbrennt oft Streit. Sie üben nicht gern, es sieht so aus, als ob kein Kind aus einer Kultur, in der Klavier gespielt und die Liebe zur Musik über das Klavier vermittelt wird, gerne übt. Und so erinnert auch der Flügel uns immer wieder an die Menschen, die wir die Woodworths nennen.

Wenn man schon mit der Erinnerung an Menschen leben muß, die man nie kennengelernt hat, dann kann man sich niemand Besseres wünschen als Bob und Helen Woodworth. Zu dem Gedenkgottesdienst für Robert Woodworth kamen viele Leute aus dem Dörfchen North Bennington. Manche waren Kollegen vom College, andere Einheimische, mit denen er im Lauf der Zeit Bekanntschaft geschlossen hatte. Ich weiß nicht, ob sie bemerkten, wie oft es in ihren Erinnerungen an Robert Woodworth hieß: »Bob und ich haben zusammen Holz gehackt« oder »Ich habe Bob Holz gebracht« oder »An dem Tag, an dem mich Bob wegen der Sache mit dem Holz angerufen hat ...« Ich glaube, ich war unter all diesen Menschen die einzige, die Bob Woodworth nie persönlich kennengelernt hatte, und wohl deshalb fiel mir auf, wie viele Erinnerungen, die mit Holz zu tun hatten, sich mit einem Menschen verbanden, der Woodworth hieß. Ich wäre gern aufgestanden und hätte auf die Beziehung zwischen dem Holz – wood – und dem Namen des Mannes hingewiesen, der mit diesem Gedenkgottesdienst geehrt wurde. Ich tat es nicht. Wer über ihn sprach, erwähnte immer auch, wie nah Helen und er sich gestanden hatten und wie sehr sie auch Helen gemocht hatten. Dienstags spielte er immer mit ein paar Freunden Dixielandmusik. Als er sich an dem Dienstagabend vor seinem Tod von ihnen verabschiedete, sagte einer: »Wir sehen uns dann nächste Woche, Bob«, und Robert Woodworth gab zurück: »Ich glaube kaum ...«. Und das hat sich bewahrheitet, nach jenem und vor dem nächsten Dienstag ist er gestorben. Der Freund, zu dem er das gesagt hatte, erzählte in dem Gedenkgottesdienst davon. Nachdem wir das Haus gekauft hatten, fanden wir im Keller eine große Menge fertig gehacktes Kaminholz. Im Keller stand auch ein Holzbrandofen, der an den Heizkessel angeschlossen war. Wir stellten fest, daß man das ganze Haus auch mit Holz beheizen konnte, aber niemand in unserer Familie kann Bäume fällen.

Als Dr. Woodworth in dem Zimmer, in dem ich jetzt schreibe, starb, lebte er allein. Helen war bereits zwei Jahre früher gestorben. Sein Geist spukt nicht in diesem Zimmer, er spukt auch nicht im Haus. In unserem ersten Winter dort lag ich eines Nachts im Bett und roch plötzlich Rauch. Ich lief in alle Zimmer, ich lief auf den Dachboden, ich lief in den Keller, um nachzusehen, woher der

Rauch kam, wo das Feuer ausgebrochen war. Nirgendwo sonst roch es nach Rauch, nur in meinem Zimmer. Das Phänomen tritt nur im Winter auf und nur in diesem einen Raum.

Als ich noch in dem gelben Haus wohnte, überlegte ich, wenn ich an einem Haus vorüberfuhr, wie es wohl wäre, dort zu wohnen. Ich sah mir die Häuser an, manche gefielen mir sehr, in manchen hätte ich gern gelebt. Manche waren schon für sich genommen sehr schön, andere waren nicht nur schön, sondern hatten auch eine wunderbare Lage. Das tue ich jetzt nicht mehr. Ich möchte nie mehr anderswo, nie mehr in einem anderen Haus leben.

Aber ich glaube nicht, daß ich weiß, wie man in einem Haus lebt. Ich bin im Freien aufgewachsen. Mein Essen wurde im Freien gekocht, auf einem herdartigen Gebilde aus Ton, dem sogenannten Coal Pot. Später mußten wir es zu einem gewissen Wohlstand gebracht haben, denn wir kauften einen Kerosinherd mit einem Docht, den ich putzen mußte. In meinem jetzigen Haus gibt es keinen Raum, der so klein ist wie das Haus, in dem ich aufgewachsen bin. Ich kann kaum glauben, daß dem so ist, aber es ist wirklich, wirklich wahr. Wir lebten draußen. Daß wir nach und nach daran gingen, im Haus nicht nur zu schlafen, sondern auch anderes zu tun, war das schon fast ein Zeichen von Prahlerei. Ich kann mich daran erinnern, als unsere Familie anfing, im Haus zu essen. Man brachte mir bei, den Tisch zu decken. Hatte ich etwas angestellt, wurde ich vom Tisch geschickt und mußte draußen unter einem Guanabanabaum essen. Seine Früchte mag ich bis heute nicht. Die meisten Dinge in dem

Haus, in dem ich aufwuchs, galten als sehr wertvoll. Ich durfte sie nicht anfassen. Unsere guten Sachen waren in Truhen verwahrt oder in einem Mahagonischrank, den mein Vater gezimmert hatte. Meine Mutter besaß ein Service mit sechs Porzellanteetassen und Untertassen, hergestellt anläßlich der Krönung des einen oder anderen englischen Monarchen, und das stand in dem Schrank, und der Schrank war abgeschlossen. Mein Vater baute wunderschöne Möbel, aber seine besten Stücke standen nicht bei uns. Sie standen im Haus der Frau des Mannes, bei dem er eine Lehre als Möbeltischler gemacht hatte, und meine Mutter stritt fast genauso oft mit ihm darüber, daß er sie zurückholen sollte, wie ich mit ihr stritt, wenn sie mich dabei ertappte, wie ich mir an ihrem Krönungsservice zu schaffen machte. Das Haus, in dem man meiner Mutter seine Möbel vorenthielt, hatte seine Entsprechung in dem Schrank, der mir ihr Porzellan verweigerte.

Wenn ich bei anderen Leuten zu Besuch bin, staune ich immer über die Ordnung, die dort herrscht. Die Spüle ist fleckenlos, die Arbeitsfläche aufgeräumt, die Vorhänge haben eine gefällige Länge und sind harmonisch auf anderes abgestimmt. Ihre Kinder haben noch nie auf dem Sofa mit Stiefeln gegen imaginäre Feinde gekämpft. Ihre Bücher stehen in Reih und Glied in den Regalen. Mein Haus sieht so aus, wie es in meiner Kindheit bei uns im Freien aussah. Auch dort herrschte eine gewisse Ordnung, die aber jeden Tag neu hergestellt werden mußte. Das besorgten meine Mutter und später, als ich älter wurde, auch ich, denn meine Mutter hielt mich dazu an, alles genau so zu machen, wie sie es gemacht hatte (was nicht verwerflich ist – wer etwas gut kann, hat gerne

Schüler). Auf unserem Hof lag in der Mitte ein Steinhaufen, auf dem am Montag morgen die eingeseiften weißen Kleidungsstücke ausgebreitet wurden. Der Steinhaufen war etwa dreißig Zentimeter hoch, über seinen Durchmesser kann ich nichts sagen, aber er war ziemlich groß. Die Steine, die ohne Mörtel aufeinandergeschichtet waren, fielen irgendwann – scheinbar über Nacht – auseinander und mußten neu aufgeschichtet werden. Auf dem Hof stand auch eine Latrine, und am Mittwoch abend kamen die Latrinenleerer und holten den Inhalt ab; sie kamen mit Pferdefuhrwerken, und ihr Geschrei und das Klipp-Klapp der Pferdehufe weckte alle auf. Daß im Haus Menschen waren, die schlafen wollten, war ihnen einerlei; nächtliche Rücksichtnahme kann man wohl nur von Heiligen erwarten, und Latrinenleerer haben nichts Heiliges an sich. Sie machten nie das Tor hinter sich zu, sie trampelten auf allem herum, auch wenn es ihnen nicht direkt im Weg lag, man mußte aufräumen, wenn sie dagewesen waren. Auf dem Hof stand auch der Guanabanabaum, unter den ich verbannt wurde, wenn ich etwas verbrochen hatte; besonders deutlich erinnere ich mich an den Tag, an dem ich meinen knapp einjährigen Bruder fallen ließ – aus Versehen, so sah ich es; meine Mutter sah es anders. Wir hatten auch ein paar Zuckerrohrstauden, die meine Mutter zunächst sehr schätzte, später aber nicht mehr leiden konnte, und weil sich das Zeug nicht so ohne weiteres ausreißen ließ, goß sie fleißig kochendes Wasser in den Wurzelhals; außerdem hatten wir einen Papawbaum, eine Dieffenbachia, eine Kokospalme und eben den Coal Pot. Die Holzkohle dafür kaufte meine Mutter bei einer Mrs. Roberts, die in einem Dorf wohnte, das Old Road hieß; sie und ihr Mann, Mr. Roberts, stellten die Holzkohle aus den Bäumen her, die sie selbst fällten, und ich denke mir, daß Mr. und Mrs. Roberts sich über die Erhaltung der Wälder und deren Rolle in der kleinen Welt, in der wir lebten, geschweige denn in der kleinen Welt unseres Hofes, keine besonderen Gedanken machten. An dem Guanabanabaum rankte sich ein Krummhalskürbis empor, dessen Samen inzwischen in besseren Gemüsekatalogen angeboten werden. Der Krummhalskürbis war ein wichtiger Bestandteil unserer Nahrung, und natürlich konnte ich ihn nicht ausstehen. Ich mochte ihn genausowenig wie die Brotfrucht, aber damals konnte ich noch nicht wissen, daß meine Abneigung in diesem Fall durchaus ihren Sinn hatte. Auf unserem Hof stand ein Brotfruchtbaum, und meine Mutter, die geradezu besessen auf den Nährwert der einzelnen Nahrungsmittel achtete, wußte natürlich auch um den der Brotfrucht. Auch wenn ich damals die Geschichte der Brotfrucht noch nicht kannte, lehnte mein Geschmackssinn sich gegen sie auf, und sämtlichen Kindern aus Antigua, die ich kenne, ging es ebenso.

Meine Mutter führte auf dem Hof ein strenges Regiment, was in ihrer Lage wohl verständlich war. Das Geschirr ist sauber, dann wieder schmutzig, dann wieder sauber, dann wieder schmutzig. Der Steinhaufen weigert sich, so zu bleiben, wie man ihn aufgeschichtet hat. Die Latrinenleerer machen das Tor nicht zu, immer muß man hinter ihnen her sein, denn wenn das Tor nicht zu ist, haben es die bösen Geister viel leichter, auf unseren Hof zu kommen und unser Leben durcheinanderzubringen. Ständig werden Blätter gelb und fallen von den Bäumen und müssen zusammengefegt und weggeschafft werden. Nichts benimmt sich so, wie es soll, auf nichts ist Verlaß. Früher oder später wird alles schmutzig, fällt zusammen, muß wieder in Ordnung gebracht werden. So sah es auf meinem Hof aus, und so sieht es heute auch draußen bei mir aus, allenfalls Einzelheiten haben sich geändert. Statt eines instabilen Steinhaufens habe ich eine Mauer, und ich habe andere Bäume, die aber mehr oder weniger den gleichen Nutzen und die gleichen Freuden bringen. Der Unterschied ist nur, daß mein heutiges Draußen sich Garten nennt.

In meinem Haus sieht es aus wie in meinem Garten; in einem Haus würde man von Schmutz und Unordnung sprechen; sähe es draußen vor dem Haus, in dem ich groß geworden bin, so aus, wäre das ein großartiger, ein denkwürdiger Anblick, auch wenn das vielleicht von den Menschen, mit denen ich aufgewachsen bin, niemand zu würdigen wüßte, denn sie leben nach Maßstäben, die nicht die meinen sind und von denen ich inständig hoffe, daß sie nie die meinen sein werden. Die Maßstäbe meiner Vergangenheit sind ideal für die Menschen, die ich zurückgelassen habe. Es sind gute, bewundernswerte Maßstäbe, nur zu mir passen sie nicht mehr.

»Harold«, höre ich meinen Mann sagen, »spiel nicht mit dem Stock herum.« Harold ist unser Sohn und spielt draußen, er röstet Marshmallows auf dem Feuer, auf einem Coal Pot wie dem, auf dem alle meine Mahlzeiten gekocht wurden, nur habe ich ihn mir jetzt bei einem Besuch an dem Ort, an dem ich aufgewachsen bin, ausgesucht und mitgenommen wie eine ganz gewöhnliche Touristin. »Harold«, höre ich meinen Mann wieder sagen, »spiel mit dem Stock nicht so nah am Feuer.« Ich höre freudiges Quietschen, was nur bedeuten kann, daß Harold dem Feuer näher kommt, als es seinem Vater recht ist, aber je näher die Gefahr, desto größer die Lust für ein Kind und vielleicht für alle, die jemals Kind waren, und die meisten Menschen vergessen das wohl auch nicht. Ich erinnere mich an den Tag, als meine Mutter meine Sachen bügelte, und die Bolzen des Bügeleisens – alle vier – im Feuer des Coal Pot lagen. Ich hüpfte in einer Art Maitanz um das Feuer, und meine Mutter sagte immer wieder: »Tanz nicht um den Coal Pot herum, du fällst noch ins Feuer«, als es plötzlich passierte und ich ins Feuer fiel, bis heute sieht man die Brandnarben an meinen Ellbogen. Was hat mich das Feuer gelehrt, was ich noch nicht gewußt hatte? Feuer verbrennt Fleisch; wer nicht hören will, muß fühlen. Harold fiel an jenem Tag nicht ins Feuer.

Was lehrt man ein Kind, was soll ein Kind wissen? Wir sind uns da nicht sicher. Robert Woodworth muß es gewußt haben, seine Kinder sind alle gesund und munter, man hört nur Gutes über sie. Wir leben in Robert Woodworths Haus, dem Zuhause, das er seinen Kindern schuf, und sie können versuchen, etwas davon an ihre Kinder weiterzugeben, aber an uns konnten sie nur das Haus verkaufen, nicht das Zuhause. Ein Zuhause ist nicht faßbar; nicht die Balken aus Douglasfichte, nicht die Schindeln aus Zeder, die Fenster aus einem Admiralshaus in Massachusetts machen das Zuhause aus.

Ist unser Haus ein Zuhause? Als Harold noch ein Baby war, ein richtiger Winzling – demnach muß Annie knapp vier gewesen sein –, hörte Annie, wie ihr Vater und ich über einen bestimmten Mann sprachen und zu dem Schluß kamen, daß er homophob sei. Ich erinnere mich noch, wie Annies Vater sagte: »Er ist wohl leider homophob, doch, ganz sicher.« Und ich stimmte ihm zu. Annie saß auf dem Küchentisch, wo sie nicht hätte sitzen dürfen, was mir auch jetzt noch, da sie fast elf ist, nicht recht einleuchtet. Angeblich gehört es sich nicht, daß ein Kind auf dem Küchentisch sitzt. Wir wußten, daß sie da war, hatten sie aber über unserem Gespräch vergessen und ahnten nicht, daß sie mit dem, was wir sagten, etwas würde anfangen können. Es gibt Augenblicke, in denen man vergißt, daß man ein Kind hat, in denen man denkt, man sei allein auf der Welt und sich auch so benimmt. Als Annie sagte: »Moment, was ist homophob?« fuhren wir zusammen, wir hatten geglaubt allein zu sein.

Ihr Vater, Allen, sagte – und ich habe seine Worte bis heute nicht vergessen –: »Das ist so, Annie. Zwei Männer lernen sich kennen und verlieben sich ineinander und wollen heiraten. Das ist homosexuell. Und dann gibt es bei uns Leute, die mögen diese beiden Männer nicht, die sich ineinander verliebt haben und heiraten wollen. Es macht ihnen angst. Wenn du vor etwas Angst hast, ist das eine Phobie. Und die Menschen, die Angst davor haben, daß zwei Männer heiraten wollen, sind homophob.« Worauf Annie fragte: »Moment mal, zwei Männer wollen heiraten, ja?« »Ja«, sagte ihr Vater. Und Annie fragte: »Und wer trägt den Schleier?« Und ihr Vater: »Das machen sie unter sich aus.« Und Annie: »Ach so.«

Wir hätten uns sehr gewünscht, daß uns in unserem Zuhause, in dem Haus, das Robert Woodworth gebaut hat – ein Mann, den keiner von uns kannte, den im Grunde vielleicht niemand kannte, denn wer kann schon von sich behaupten, einen anderen Menschen zu kennen –, jemand geraten hätte, was zu tun sei, aber niemand hat eine Anleitung hinterlegt. Wir würden so gerne sagen können: Bob Woodworth hat es so und so gemacht, und es hat sich bewährt, denn einer seiner Söhne wurde Fußpfleger, einer Biologielehrer und einer Naturwissenschaftler, und sie führen ein solides Leben irgendwo südlich von Burlington, Vermont; das alles ist aus unser elterlichen Sicht positiv, denn wir können mit ihnen reden, auch wenn wir selbst nicht wie diese drei hätten werden wollen, wenn auch nur, weil das Festgefügte ihres Lebens uns an unsere eigene Jugend erinnert. Wie sehr hätten wir uns gewünscht, daß jemand – vielleicht aber besonders Robert Woodworth – uns eine Gebrauchsanweisung hinterlassen hätte, wie man aus einem Haus ein Zuhause macht, einen Ort, der auf geheimnisvollen Wegen die Kunst vermittelt, sich redlich durch die Welt zu schlagen, auf eine allseits als ehrenhaft und freudvoll akzeptierte Art und Weise – sorgsam ausbalanciert zwischen den eigenen Bedürfnissen und denen anderer, unbekannter Menschen, die uns möglicherweise nicht einmal sympathisch sind und uns niemals sympathisch sein könnten, die wir aber dennoch ganz ernst nehmen müssen – ebenso ernst wie unser eigenes Leben.

Rückblick

Ich war damit beschäftigt, den Garten für den Winterschlaf vorzubereiten, als ich beim Blick auf die leeren Flächen, die vor gar nicht so langer Zeit noch voller Blumen und Gemüse gewesen waren, von der Erinnerung an ein Gefühl der Zufriedenheit und der Verzweiflung übermannt wurde – zwei Empfindungen, die keinem Gärtner fremd sind. Zufriedenheit beim Anblick der Spargelspitzen, die wundersam unversehrt und makellos, genau so, wie sie sein sollten, aus den Gräben sprossen, in die ich ihre Wurzeln versenkt hatte. Selbst nach vielen Jahren des Gärtnerns kann ich mir nie vorstellen, daß aus dem Samen, den ich in den Boden lege, irgendwann lebendige Pflanzen wachsen werden; ich staune jedesmal, als hätte ich es noch nie erlebt, als sei jedes Mal das erste Mal. Und verzweifle, wenn ich feststelle, daß keiner meiner Kürbissamen keimen und Pflanzen hervorbringen wird, weil ein bösartiges Wesen mit Bedacht die Samen aus den Hügeln gekratzt und aufgefressen hat. Ich beschloß, den zerstörerischen Kreaturen den Garaus zu machen und fing schließlich einen Waschbären in diesem lachhaften Gebilde, der Havahart-Lebendfalle. Doch als ich ihn in einem Wasserfaß ertränken wollte, erhoben die drei winselnden Pazifisten, mit denen ich geschlagen bin (mein Mann und unsere beiden Kinder), so ein Geschrei, daß ich ihn irgendwo in der Wildnis aussetzte, weit weg von allen Gärten. (Allerdings glaube ich, daß er dank eines angeborenen Instinkts, den noch kein Wissenschaftler so recht hat erklären können, wieder in meinen Garten zurückfinden wird).

Die im April zuvor gepflanzten Rosen ›Reine des Violettes‹ und ›Madame Isaac Pereire‹ waren im Sommer eine wahre Pracht, die ›Violettes‹ dufteten besonders angenehm, absolut makellos; ich schmiegte ständig die Nase an ihre Blütenblätter wie an den Hals eines Menschen. Und die ›Madame Isaac‹ remontierte, sie blühte und blüht unermüdlich. Welche Ausmaße mein Rosenrausch angenommen hatte, begriff ich erst Anfang April, als nach und nach die Rosenstöcke eintrafen. Anfang Mai hatte ich insgesamt dreiunddreißig. Ich hatte sie nicht alle auf einmal bestellt, zu dem Exzeß kam es dadurch, daß der Winter so lang und so kalt war und ich so viel Zeit hatte, mich in Kataloge zu vertiefen, daß ich den Überblick verlor und zum Schluß manchmal zwei oder drei Rosen für die gleiche Stelle bestellte. Ich hatte Rosen bei Jackson & Perkins bestellt, bei Wayside Gardens und bei Park Seed (Park hat die billigsten, und mir scheint, daß sie nicht schlechter sind als die anderen, aber die Auswahl ist begrenzt; meine wunderbare ›Reine de V.‹ kam von dort, sie kostete fünf Dollar weniger als im Wayside-Katalog) und aus einer Baumschule in Maine, der Roseraie in Bayfields, die von einem sehr netten Mann namens Lloyd Brace geführt wird. (Daß er nett ist, weiß ich nur aus unseren Telefongesprächen). Als die Rosenstöcke kamen, hatte ich den Boden noch nicht ordentlich vorbereitet, weil es immer noch fror und schneite. So wurden sie vor der Pflanzung arg mißhandelt und sahen halb tot aus, als sie in den Boden kamen, bis auf die von Lloyd Brace, die schon bei der Ankunft frische grüne Triebe hatten und einen sehr vielversprechenden Eindruck machten, als ich sie endlich pflanzen konnte. Trotzdem gediehen die Rosen alle gut, so daß ich fast den Eindruck habe, daß zur Rosenzucht auch ein bißchen schlechte Behandlung gehört.

Die Rosenschwemme fing vor zwei Sommern an, als ich einen Brief von Jackson & Perkins bekam mit einer Einladung, gemeinsam mit anderen Bürgern der USA die besten Neuzüchtungen des Jahres auszuwählen. In der Broschüre, die dem Brief beilag, berichteten verschiedene Kunden, wieviel Freude ihnen die Teilnahme an dieser Unternehmung gemacht hatte, und sie äußerten sich so überschwenglich, daß ich zunächst glaubte, sie hätten die Rosen kostenlos bekommen; das war nicht der Fall. Aus unerfindlichen Gründen fühle ich mich immer wieder zu den Aktivitäten von Menschen hingezogen, mit denen ich weder zusammentreffen noch je mich mit ihnen befreunden möchte, und deshalb schickte ich prompt mein Geld hin, um ebenfalls Mitglied dieses Rosentestkomitees zu werden. Die für den Wettbewerb vorgesehenen Rosen kamen gleichzeitig mit den anderen, hatten allerdings keine richtigen Namen, sondern hießen nur ›Pink Blend‹, ›Pink‹, ›Weiß‹ und ›Gelb‹. Ich pflanzte sie, und anfangs beobachtete ich sie genau, denn ich erwartete von Jackson & Perkin ein lästiges Tagebuch oder zumindest einen Anruf, oder – als beides ausblieb – die Aufforderung, ihnen meine Beobachtungen sonst irgendwie mitzuteilen. Dann vergaß ich das Rosentestkomitee, denn andere Probleme wurden dringlicher. Die ›Souvenir de la Malmaison‹ (von Wayside) schoß in die Höhe, kippte um, legte sich auf den Rasen und weigerte sich zu blühen; ich hatte Peter Beale gelesen, der dazu sagt: »Diese Rose ist im besten Fall die schönste aller Bourbonrosen, kann aber im schlimmsten Fall abscheulich sein. Nässe ist ihr verhaßt, und bei feuchter Witterung öffnet sie sich ohne Hilfe nur selten voll.« Ich besah mir geraume Zeit die vielen flachliegenden Rosentriebe, bis mir aufging, daß ich gar nicht ›Souvenir de la Malmaison‹ vor mir hatte, sondern eine andere Rose, die vielleicht falsch etikettiert war. Kurz darauf forderten Jackson & Perkin mich in einem weiteren Brief auf, Mitglied des nächstjährigen Rosentestkomitees zu werden. Weil die Firma sich bis dahin hartnäckig in Schweigen gehüllt hatte, hatte ich mich zu den vier Rosen nie geäußert und nun erst recht keine Lust mehr, zukünftig Rosen von Jackson & Perkins zu beurteilen.

Am erfolgreichsten war bei mir die Rose ›Gelb‹, allerdings muß man sie, wie ich finde, anderen Leuten nicht unbedingt empfehlen. Empfehlen kann ich ›Ballerina‹; den ganzen Sommer über sah ich zu, wie sie an langen apfelgrünen Trieben dicke Dolden rosa getüpfelter Blüten bildete. Ich hatte sie neben die Scheineller gepflanzt, und eine Weile blühten beide gleichzeitig, so daß ich ausnahmsweise einen Hauch von dem zu sehen bekam, was ich mir vorgestellt hatte.

Als ich die Rosen für den Winter mulchte und abdeckte, stieß ich in der immer schöner werdenden Zeitschrift *Gardens Illustrated* auf einen Text von Christopher Lloyd: »Ich bekam die Scherereien satt, die Rosen einem bringen. Ständig sind sie krank, und einen schwächlichen Rosenstock kann man nicht ersetzen, ohne die Erde auszutauschen. Das ist ausgesprochen unerquicklich, und wenn sie blühen, wirken sie wie Kleckse in der Landschaft. Kletterrosen sind ganz ansehnlich, Strauchrosen jedoch ziemlich scheußlich.« Sie haben etwas sehr Liebenswertes, diese Kapricen eines Gärtners. Ich weiß schon jetzt, daß mich im kommenden Frühjahr all die Rosen förmlich überrollen werden, die ich bestellt habe, was vermutlich dazu führen wird, daß ich in zwanzig Jahren jeden Gedanken an Rosen energisch von mir weisen werde.

Als ich im Mai von einem Besuch bei dem alten Koffer, England (s. Kapitel ›Der alte Koffer‹), zurückkam, war meine Rhabarberhecke ein unglaubliches Blütenmeer, die hohen Stengel waren voll weißer Rispen, die ich so ehrfürchtig betrachtete, als hätte ich noch nie etwas so Schönes gesehen – was natürlich Unfug ist. Erwartungsgemäß verblaßte diese Schönheit bald, aber nicht vollständig; die Blüten färbten sich braun – kein gemäßigter, sondern ein knackig-vitaler, fast tropischer Braunton –, der beinahe herausfordernd wirkte, denn überall sonst sproß frisches junges Grün. Ich schnitt die Pflanzen bis zum Boden zurück, und sie trieben neu aus, so daß ich gegen Ende des Sommers wieder Rhabarber essen konnte, aber das kam mir völlig verkehrt vor: Rhabarber muß man essen, wenn die Tage länger werden.

Anfang Juni ging ich, leicht beschwipst vom Anblick des Rhabarbers und vom vielen Pflanzen, in unser Lebensmittelgeschäft, um Milch zu kaufen, und beim Hinausgehen nahm ich noch drei Tütchen Kapuzinerkresse mit. Ich suchte Blumen für einen Weg, der zu der Tür am Südende unseres Hauses führt, Blumen, die fröhlich-ungeordnet über die Marmorplatten schwappen sollten, und als ich die Samentütchen sah, wußte ich, daß Kapuzinerkresse dafür genau das Richtige war. Sie wurde eine der großen Freuden meines Sommers. Ich säte sie ganz dicht und dünnte nichts aus, sondern schnitt und trimmte sie so, daß sie nur in eine Richtung, nämlich auf den Weg wuchs. Sie muß sich dort wohlgefühlt haben, denn sie gedieh prächtig. Nachts duftete sie betäubend wie ein fermentierendes Gebräu, von dem man leicht einen Rausch bekommt. Ich betrachtete meinen Weg als großen Triumph und war schon kurz davor, damit anzugeben, als ich beim Blättern in Wayne Winterrowds sehr hilfreichem Buch über Einjährige, *Annuals for Connaisseurs,* ein Photo sah, auf dem Kapuzinerkresse über einen Weg in Monets Garten quoll. Im ersten Moment war ich sehr stolz, daß ich auf die gleiche Idee gekommen war wie dieser große Gärtner, und dann erfaßte mich schnöder Neid, denn seine Kapuzinerkresse war so viel besser gelungen als meine. Seine sah aus wie ein Gemälde – eben so, wie man es von natürlicher Schönheit erwartet. Meine war einfach ordinäre Kapuzinerkresse.

Eine niederliegend wachsende Nachtkerze, die ich in der Equinox Valley Nursery in Manchester, Vermont, gefunden hatte, war spektakulär. Ich hatte diese Art Nachtkerze noch nie zuvor im Garten gehabt und erlebte ihren erstaunlichen Blühzyklus daher zum ersten Mal: Sie hat dicke rote Stengel, aus denen fette grüne Kapseln wachsen, manchmal mit großen roten Tupfen, und aus jeder Kapsel kommt, wenn sie sich in der Abenddämmerung öffnet, eine riesige gelbe Blase hervor, die am nächsten Tag schlaff und schleimig wird wie eine zerquetschte Raupe. (Ich habe mal meinem Sohn Harold eine in die Hand gegeben, und er sagte »Igitt!«). Ebenfalls bei Equinox fand ich eine pinkfarbene Nachtkerze (*Oenothera*

›Rosea‹). Sie ist etwa 25 cm hoch mit kleinen schmalen Blättern, die sich im Herbst leuchtend rot färben; sie verbreitet sich schnell und hat schon das ganze Beet mit Beschlag belegt, was mir nur recht ist, denn dort stehen die Stockrosen und die Moschus- und die Präriemalven.

Diese Ecke des Gartens – mit den Stockrosen, den Moschus- und Präriemalven, mit den Rosen ›Cecile Brünner‹ (als Kletter- und als Strauchrose) an einem und ›Ballerina‹ am anderen Ende – hatte ich ganz in verschiedenen Rosatönen halten wollen, aber die Blüten der Präriemalven hatten einen scheußlichen Fliederton und überhaupt nicht das Rosa, das ich im Katalog gesehen hatte. Das war wohl die gerechte Strafe dafür, daß ich sie bei einer aufgeblasenen Versandgärtnerei in Connecticut bestellt hatte, deren Mitarbeiter sich am Telefon sehr rüde und arrogant anhören. Natürlich wollten sie die Präriemalven nicht zurücknehmen. Sie waren auch sehr skeptisch, als ich ihnen erzählte, eine Pflanze, die sie mir als Kanadalilie geschickt hatten, sei eine ganz andere Lilienart. Im Herbst schickten sie mir als Ersatz angeblich Blumenzwiebeln, aber solche Zwiebeln hatte ich noch nie gesehen, und selbst wenn diese sonderbaren Gebilde sich tatsächlich zu Pflanzen auswachsen sollten, werde ich mich hüten, dort noch einmal anzurufen. Ganz anders ist meine Beziehung zu den Leuten von Wayside, die immer hilfsbereit sind und anstandslos Schadenersatz leisten, wenn ihnen ein Fehler unterlaufen ist, sie entschuldigen sich sogar schriftlich. (Vielleicht ist das ein Beispiel dafür, wie sich das Klima auf Verhaltensweisen auswirkt: Ob Wärme dem Diensteifer förderlich ist? Wayside liegt in North Carolina).

Noch eine Enttäuschung: Eines Tages kam eine Lieferung dürrer, knapp einen Meter langer Zweige – offenbar die Obstbäume, die ich für Hunderte von Dollar bei einem Obstbaumzüchter in Upstate New York bestellt hatte. Sie waren von den unter der Last ihrer Früchte ächzenden Obstbäumen, die ich im Katalog gesehen hatte, so himmelweit entfernt, daß ich fast in Tränen ausgebrochen wäre. Ich pflanzte sie an einem für Mai sehr kalten, windigen Tag, und danach erstreckte sich vor mir eine gähnende Leere: Womit, dachte ich, soll ich die Zeit zwischen dem Pflanzen und der (erhofften) Ernte füllen? Mir fiel nichts ein, und das setzte mir so zu, daß ich mich hinlegen mußte.

An einem anderen Tag geriet ich aus ganz anderen Gründen in einen ähnlichen Zustand. Auf einem indirekten Weg zu unserem Lebensmittelgeschäft kam ich an einem Feld mit blühendem Purpurdost vorbei. Ich hatte mir vor kurzem wilde Königskerzen in den Garten geholt, und als ich davon genug hatte, Purpurdost und Wasserdost von meinem eigenen Feld. Ich liebe diese Blumen, und als ich jetzt das Feld voller Purpurdost sah, wurde mir ganz schwindlig vor Glück, denn der Anblick war so unerwartet (ich hatte keine Ahnung, daß er dort wächst). Als ich in den Laden kam, hörte ich die Verkäuferin zu dem Mann vor mir sagen: »Hi, Schätzchen, was bist du heute schön«. Glatt gelogen, dachte ich, denn ich hatte den Mann genau gesehen. Als er gegangen war, sagte ich: »Was haben Sie da eben gesagt? Das war einer der häßlichsten Kerle, die ich je gesehen habe«, und sie antwortete: »Das war mein Mann.« Auf dem Heimweg schämte ich mich so sehr, daß mir ganz elend war und ich nicht einmal mehr Augen für den Purpurdost hatte.

Im August aß ich eine Portion Blue Lake Beans, gewöhnliche grüne Bohnen, die köstlich waren; ich hatte sie noch nie im Garten gehabt, und in diesem Moment wurde mir klar, daß ich fast nie gewöhnliches Gemüse ziehe. Mein Garten liefert mir inzwischen so zuverlässig einen Vorrat an Gemüse, daß ich gerne Ausgefallenes ausprobiere, andere Farben oder Formen, Gemüse, die von weit her kommen, bei den Landleuten in Frankreich oder Italien oder in den Bergen von Peru beliebt sind. Diesem Tick verdanke ich meine französischen Marmande-Tomaten und eine andere Sorte, die aussah wie große Stachelbeeren (›Green Zebra‹, die besten Tomaten, die ich je gegessen habe) und verschiedene ausgefallene Kartoffelsorten – eine hieß ›Russian Banana‹, andere sahen aus wie Finger oder hatten eine blaue Schale oder waren rosa, wenn man sie stampfte. Ich hatte auch Gurken, die saftig und süß waren und normalerweise in der Türkei oder Syrien (oder irgendwo dort) gedeihen, und lilafarbene Bohnen, die mich allerdings enttäuschten – beim Kochen wurden sie grün.

Anfang September pflückte ich eine kleine weiche gelbfleischige Wassermelone und schnitt sie auf und mußte plötzlich an die Bilder kleiner Mädchen denken, die ich in einer Mädchenzeitschrift gesehen hatte, als ich selbst ein kleines Mädchen gewesen war: Auf den Bildern waren sie immer auf einer Geburtstagsparty, und ihr Haar und ihre Kleider und das Licht im Raum – alles hatte die Goldtöne der Wassermelone aus meinem Garten. Damals wäre ich gerne so ein Mädelchen gewesen, mit solchem Haar, in einem solchen Zimmer – und statt der Verzweiflung, die mich damals überkam, weil daraus nie etwas werden würde, empfinde ich heute Genugtuung, weil nie etwas daraus geworden ist. Es waren die köstlichsten Melonen, die ich je im Garten hatte.

Das Laub wurde gelb und rot und braun und fiel; die Tage wurden kurz; die Sonne wärmte nicht mehr recht und verschwand dann ganz. Ich pflanzte Fritillarien in sechs verschiedenen Sorten, Schwertiris und Päonien – gewöhnliche Pfingstrosen und keine Baumpäonien, die im Katalog so atemberaubend aussahen. Und eines Tages dann kam die lange Kälte, die Kälte, gegen die keine Wärme etwas vermag. Der Winter.

Der Garten im Winter

An einem Frühsommernachmittag besuchte ich meine Freundin Love. Ehe ich kam, war sie mit ihrer Mutter (vom Aussehen her eine durchaus sympathische Frau) durch den Garten gegangen (Loves Garten ist ein in lange und kurze, rechteckige, halbkreisförmige und quadratische Beete unterteilter großer Kreis, der vom Haus durch eine breite, wie mit der Nagelschere getrimmte Rasenfläche und eine tiefe Rabatte mit Iris, Fingerhut und anderen im Juni und Juli blühenden Mehrjährigen getrennt ist). Love war gereizter Stimmung (wie immer, wenn ihre Mutter zu Besuch war), sie hatte sich, wie sie sagte, sehr auf mich und unser gemeinsames Essen gefreut, weil ich das, was sie kocht, immer gerne esse, (im Sommer ist es meist etwas aus ihrem Garten) und vielleicht auch, weil meine Anwesenheit ihr ein wenig Luft verschaffte (aber das sprach sie nicht aus). Als sie mit ihrer Mutter durch den Garten gegangen war, hatten die beiden verwelkte Blüten und Pflanzen abgeschnitten und Gemüse geerntet (denn bei Love wachsen Blumen und Gemüse kunterbunt durcheinander), hatten hier und da ein paar Worte gesprochen und sich ansonsten angeschwiegen, wie es Menschen tun, deren Beziehung zueinander nicht freiwillig, sondern vorgegeben (und entsprechend widerstrebend) ist, und als ihre Mutter zu dem Beet mit den blühenden Asiatischen Lilien kam, brach sie das beiderseitige Schweigen mit den Worten: »Sieh dir bloß diese Niggerfarben an!« Love war schockiert, aber nicht überrascht; schließlich kannte sie ihre Mutter lange genug.

Kurz darauf kam ich, und weil Love im Haus Cocktails zubereitete und einen Snack aus Gemüseschnitzen und einem Dip, ging ich mit ihrer Mutter durch den Garten (ich gehe immer durch Loves Garten, meist allerdings allein), und Loves Mutter und ich überboten uns in Lobeshymnen auf Loves Gartenkünste, und vor dem Lilienbeet machte ich ein aufmerksames Gesicht, als Loves Mutter mir eine ziemlich nebensächliche Gartengeschichte erzählte (an die ich mich nicht mehr erinnere, deshalb sage ich, daß sie ziemlich nebensächlich gewesen sein muß), aber insgeheim überlegte ich, ob ich mich, da ich sie nicht sehr gut kannte und nicht genau wußte, ob ich sie nun mochte oder nicht, ganz natürlich geben sollte oder unnatürlich und unwahr. Ohne mich bewußt für das eine oder andere entschieden zu haben, platzte ich mit der Wahrheit heraus. Ich deutete auf die Asiatischen Lilien und sagte: »Ich hasse diese Farben.« Und dann wurde ich wieder unnatürlich und unwahr und hätte den ganzen Nachmittag komplett vergessen, wenn nicht Love, als wir nach dem Essen miteinander abwuschen, ihrem Ärger über die vielen Menschen in ihrem Leben Luft gemacht hätte, die sie zwar liebte, aber nicht mochte. Sie erzählte mir von der beiläufigen, abscheulichen Bemerkung ihrer Mutter, und ich ärgerte mich halbtot, weil ich nicht sofort das wahre Wesen dieser Person erkannt hatte, mit der ich durch den Garten spaziert war, denn dann hätte ich die Asiatischen Lilien und ihre abstoßenden Farben mit Zähnen und Klauen verteidigt. Wenn jemand in der Hege und Pflege seiner Vorurteile so weit geht, die Bosheit, die er über unschuldige Menschen ausgießt, auf unschuldige Blumen auszuweiten, bin ich die letzte, die ihm diesen Spaß verderben würde.

Und dann das: Die Steinmauer (die man von der Hintertür meines Hauses aus sieht), die praktischerweise eine Terrasse und ein großes Blumenbeet von dem steil abfallenden Gelände dahinter trennt (das wir aber sehr schätzen, weil meine Kinder, wenn es geschneit hat, dort gerne rodeln), war baufällig und mußte erneuert werden. Zwei Mann rückten an, der eine extrem dick, der andere extrem dünn (diese Jack-Spratt-Pärchen sind in Vermont keine Seltenheit). Einmal saß ich auf einer ebenfalls reparaturbedürftigen Steinstufe, sah ihnen bei der Arbeit zu und genoß die wunderbare Situation, in einem Land, aus dem ich nicht stamme, angenehm leben zu können, genoß meine Position als Gast, als Nicht-Einheimische und besonders das Vorrecht, fundierte Urteile über »die anderen« fällen zu können, die beiden Männer nämlich, die mit gekrümmtem Rücken vor mir arbeiteten, und dann schüttelte ich diese Überlegungen ab, weil ich dem extrem dicken Mann sagen mußte, daß er Mrs. Woodworths Rosen für mich retten solle (die er beim Abtragen der Mauer komplett ausgegraben hatte; es waren keine besonders hübschen Rosen, aber sie wuchsen seit über 40 Jahren an dieser Stelle und stammten ursprünglich aus dem Haus von Mrs. Woodworths Mutter in Maine, und ich betrachtete sie mit sentimentalen Gefühlen, völlig falschen Gefühlen, die sich ein Einheimischer nie leisten könnte), und nachdem ich ihm das gesagt und er versprochen hatte, die Rosen zu retten, sagte er, daß er nur einmal in seinem Leben in New York City gewesen sei und nie wieder dorthin wolle. Und weil ich instinktiv beschlossen hatte, nicht zu antworten, sagte er, in New York City sei er mal als Schuljunge mit seiner Klasse gewesen, und auf dem Heimweg sei der Bus, in dem er und seine Klassenkameraden saßen, von ein paar Leuten mit Steinen beworfen worden, und nicht alle, die Steine geworfen hatten, seien farbig gewesen, und ich sagte »Ach?« und überlegte, was er wirklich hatte sagen wollen, und dann sagte er, er habe nichts gegen Farbige – im Gegensatz zu seinem Vater. Auch dazu sagte ich »Ach?« und überlegte, was er wirklich hatte sagen wollen. Sein Vater habe etwas gegen Farbige, sagte er, weil er in der Armee mit Farbigen zusammen gewesen sei, und sie seien alle gut miteinander ausgekommen, bis sie an die Front geschickt wurden, da hätten die Farbigen wie ein Mann kehrtgemacht und seien weggelaufen, und seither habe sein Vater etwas gegen Farbige. Da tat es mir leid, daß ich vorher meine Öko-Cashewnüsse mit ihm geteilt und ihm hinterher ein Glas schönes kaltes Quellwasser gebracht hatte. Das mit dem Weglaufen, sagte ich, sei von den Soldaten sehr vernünftig gewesen, ich an ihrer Stelle hätte es bestimmt nicht anders gemacht, doch dazu äußerte er sich nicht. Und dann sagte ich, es sei gut, daß die Soldaten Farbige gewesen seien, denn wären es Männer gewesen, die aussahen wie sein Vater (nämlich weiß), wäre mit Sicherheit seine Mutter eine Frau gewesen, die ausgesehen hätte wie ich. Und er machte große Augen und sagte, er wüßte, was ich meinte, was nicht stimmen konnte, denn ich wußte selbst nicht gleich, was ich damit meinte. Am nächsten Tag brachte er mir eine kleine Tüte mit Blumenzwiebeln, jede so groß wie drei Fingerhüte. Wie die Blumen hießen, die aus diesen Zwiebeln kommen sollten, wußte er nicht, er beschrieb sie (klein, weiß, sternförmig) und setzte hinzu, daß sie schon sehr früh im Jahr blühten, lange vor allen anderen. Ich wollte die Zwiebeln, die er mir geschenkt hatte, unmittelbar an die Mauer setzen und wartete deshalb, bis sie fertig war. Und dann war die Mauer fertig, und die Tüte, in der die Zwiebeln steckten, löste sich in Wohlgefallen auf, weil ich sie ungeschützt hatte herumliegen lassen, und die Zwiebeln kullerten lose durch die Gegend. Jeden Tag nahm ich mir zu Beginn der Gartenarbeit vor, sie zu stecken, und abends sagte ich mir, daß ich es bestimmt am nächsten Tag tun würde. Und dann nahm ich die Zwiebeln eines Tages ganz ohne Zorn und Eifer und warf sie – nein, nicht auf den Kompost, sondern in die Mülltonne.

Es ist Winter, und meinen Garten gibt es nicht mehr, statt dessen sieht man nur die weißen Hügel der schneebedeckten Beete – wie auf einem Friedhof, aber keinem neuenglischen Friedhof, auf dem es sauber und geordnet und solide zugeht, sondern eher wie auf einem Friedhof in dem Land, aus dem ich komme, einem warmen Land, in dem die Gruben mit einem hohen lockeren Erdhaufen abgedeckt werden, weil der Tod nur eine andere Daseinsform ist, weil die Toten sich weigern, zu bleiben, wo sie sind, weil sie in dieser Daseinsform manchmal Bedeutenderes, Tiefgründigeres bewerkstelligen als im Leben, und ein rechteckiges Gebilde aus Beton sie nicht in Zaum halten könnte. Der Schnee hat den Gartenboden in gnadenlos tödlichem Griff, sein Weiß tilgt alles, und ich kann es kaum fassen: Da stand doch ein Liebstöckel mit seinen hohen, dicken Stengeln und sellerieähnlichen (und auch nach Sellerie schmeckenden) Blättern neben dem Rhabarberbeet; neben dem Rhabarber waren die Kartoffeln, der Brokkoli war neben den Kartoffeln, Möhren und Rote Beete standen beieinander und neben den Kartoffeln, Basilikum und Koriander standen zusammen neben den Erbsen, die Tomaten hatten ein eigenes Beet, einen langen, schmalen Streifen, den ich in diesem Sommer ganz allein mit einem neu erstandenen kleinen Tiller umgegraben hatte, um meinen Garten von dem meiner Tochter Annie abzugrenzen; die Erdbeeren hatten ihr eigenes Beet und die Blattsalate auch, die Sonnenblumen, hoch und niedrig und in den verschiedensten Gelb- und Beigetönen, standen in Gruppen hier und da und dort; hier war die Vogelscheuche, die nichts verscheucht hatte, dort das Gewehr, um das zu schießen, was die Vogelscheuche nicht verscheucht hatte, ungeladen lag es zwischen den Heubündeln, mit denen die Kartoffeln gemulcht wurden, da war auch die Silberkette (aufgefädelte Alu-Tortenteller) zwischen den tipiförmigen Stangen für die rankenden Limabohnen (die Hülsen, aber keine Kerne produziert hatten). Diese Farben (das Grün der Blätter, die rot/rosa Rhabarberstengel, die roten Adern der Rote-Beete Blätter, die Gelb- und Brauntöne der Sonnenblumen) setzen zaghaft ein, fragen gleichsam ›Soll ich? Soll ich nicht?‹, und eines Tages – vielleicht nach einem kräftigen Regenguß – ist plötzlich alles voller Saft und Kraft und funkelt wie Geschmeide, und in diesem Augenblick denke ich, daß sich daran nie etwas ändern wird, es wird immer Sommer sein, und die Karnickel- oder Erdhörnchensippen oder was sonst an Getier bei mir herumspringt, werden sich genau dann über das Rote-Beete-Laub hermachen, wenn die Roten Beete fast erntereif sind. Ich sinne ständig auf Möglichkeiten, ihnen den Garaus zu machen, bringe es dann aber nicht übers Herz, nehme mir vor, den Garten einzuzäunen, lasse es dann doch sein, es gibt mehr oder weniger Japankäfer als im vorigen Jahr, nun denn, es gibt zu viele Zucchini, nun denn – und dann höre ich, als hätte ich das noch nie erlebt, als sei das etwas völlig Unerwartetes, daß die Temperatur so tief sinken wird, daß mit Bodenfrost zu rechnen ist, und das nehme ich regelmäßig persönlich, als wollte mir mit diesem Bodenfrost jemand einen Tort antun. So beginnt für mich der Winter im Garten, mit Bodenfrost, auch er mit Zögern und Zagen, einer Verbeugung vor der echten Kälte, eine sanfte Vorform. Die Wirkung der Kälte auf alles, was im Garten wächst, ist auch nach so vielen Jahren etwas, woran ich mich nicht gewöhnen, was ich noch immer nicht verstehen kann. Wie kommt es, daß nach dem ersten Frost das Gras aussieht, als sei es bei einer Höllenparty gewesen, als habe man den ganzen Garten genommen und in einer Bäckerei vor die offene Tür des Backofens gestellt, in dem ein fleißig geschürtes Feuer lodert?

Ich mußte etwa zehn Jahre alt gewesen sein, als ich zum erstenmal mit Kälte in Berührung kam. Da, wo ich lebte, war es immer heiß und wurde höchstens noch heißer, und wenn manchmal, gewöhnlich nur im Dezember, die Temperatur auf 24° C sank, zog jederman einen Pullover an und legte eine Flanelldecke aufs Bett. Dann bekamen die Eltern eines Mädchens, das ich kannte, einen Kühlschrank, und als sie einmal nicht zu Hause waren, sagte sie, ich solle hinkommen und die Hand ins Gefrierfach halten. Seit damals bin ich der festen Überzeugung, daß Kälte etwas Unnatürliches, von Menschenhand Geschaffenes ist und mit Wohlstand einhergeht (denn Kühlschränke waren im wohlhabenderen Norden weit verbreitet), realer und herausgehobener als die für mich so alltägliche Wärme, und damals wurde die Kälte mir verdächtig, denn mir schien, daß sie mit Dunkelheit einhergeht, daß mit der Kälte die Dunkelheit kommt, in der alles erbleicht und abstirbt. Keine Antwort, die Wissenschaft oder Natur auf die Frage bereithalten, wie die Sonne mitten im Winter so hell scheinen kann, hat mich je zufriedenstellen können. Im Grunde meines Herzens weiß ich, daß ein Miteinander von Kälte und Licht ein Ding der Unmöglichkeit ist.

Und so kämpfe ich denn vom Ende des Sommers bis zum kürzesten Tag des Jahres gegen ein Gefühl des Nichtglaubenwollens an: Unglaublich, wie schnell alles zum Stillstand kommt, alles stirbt, stirbt, stirbt, der Garten besteht nur noch aus braunen Stengeln, der Boden verfällt in Starre, was noch wächst und blüht, steht einsam da, alle Chrysanthemen dieser Welt zusammengenommen (etliche kann man in einem Gewächshaus im Smith College besichtigen), alle Mauerpfeffer-Arten – all diese Pflanzen sind schön, ich mag sie sehr, aber vor einem leblosen oder fast leblosen Hintergrund kann ich nichts mit ihnen anfangen.

Es gibt Menschen, die sich endlos über die winterliche Schönheit des Gartens auslassen können, sie zeigen einem scharlachrote Beeren, die in Büscheln an nackten braunen brüchigen Zweigen hängen, sie lassen sich nicht davon abbringen, daß diese Schönheit grandios und einzigartig sei, sie schwärmen mir etwas vor von den Christrosen (manchmal sagen sie sogar *Helleborus niger*, warum eigentlich, der Volksname klingt viel schöner, wie eigentlich bei allen Pflanzen), und die Christrose, die im Dezember blüht, finde ich wirklich sehr schön, aber nur so, wie ich es schön finde, wenn ich auf einem Tisch, an dem vor Monaten viele Menschen miteinander getafelt haben, einen einzigen sauberen Teller entdecke. Dann wieder erzählen sie mir von abblätternden Baumrinden, von den Moosen und den Flechten an den Rinden und dem kostbaren, juwelengleichen Funkeln der Flechten zu einer bestimmten Tageszeit und bei einem bestimmten Lichteinfall. Ich mag Flechten, und ich mag Moose, aber für so etwas schwärmen zu müssen, weil außer verdorrten Brombeerranken, ein paar roten Ästen und Nebel nichts weiter da ist … Sie ist so beliebig, diese Schwärmerei für den Garten im Winter, diese Behauptung, der Garten sei zu dieser Jahreszeit ein wunderbarer Ort.

Und so sagt es Miss Gertrude Jekyll (deren Schriften ich so liebe und deren Photos mich immer wieder überraschen, weil sie mir zeigen, wie häßlich sie eigentlich war, außerdem ist sie ein so großartiges Beispiel für das englische Talent, alles zu infantilisieren und zu verniedlichen. Eine gefällige Gruppe von Bäumen, die Nüsse tragen, kann nicht einfach eine gefällige Gruppe von Bäumen bleiben, die Nüsse tragen, sondern muß zum »Nußwäldchen« werden): »Wir haben strengen Frost. Letzte Nacht zeigte das Thermometer fünfundzwanzig Grad unter Null, und obgleich es erst seit der Nacht davor friert, ist der Boden steinhart. Wie unsagbar schön ist das Wäldchen im Winter. Heute hängt leichter Nebel in der Luft, gerade genug, um in dreihundert Metern Entfernung einen zartblauen, geheimnisvollen Hintergrund zu schaffen und einen aus der Nähe alle Mängel in der Baumgruppe erkennen zu lassen.«

Was natürlich (aus meiner Sicht) nicht stimmt; ich möchte ihr zurufen (nur geht das leider nicht, sie lebt nicht mehr): Das behaupten Sie nur, das haben Sie sich nur ausgedacht! Ich habe den Satz auf den Lippen, als ich jetzt aus dem Fenster sehe, wo es meinen Garten nicht mehr gibt, weil er unter einer Schneedecke liegt, und dichter zäher Nebel aus dem Wald quillt, ein Anblick, den ich alles andere als begeisternd finde. Aber Weiß ist eben gar keine Farbe (der Schnee ist weiß, der Nebel suggeriert die Farbe Weiß), Weiß macht einem das Fehlen von Farbe bewußt und weckt Sehnsucht nach Farbe, man begreift, daß da ein Vakuum ist, das darauf wartet, ausgefüllt zu werden – mit Farbe.

Man tut gut daran, das zu akzeptieren, was man hat, und sich nicht an dem zu vergreifen, was andere haben und man selbst nicht hat; und so akzeptierte ich denn, daß ich jetzt in einem Klima lebe, in dem es vier Jahreszeiten gibt, von denen ich eine – zumindest aus gärtnerischer Sicht – nicht sehr schätze; am liebsten wäre es mir, wenn im Winter da, wo mein Garten ist, die Westindischen Inseln wären, aber nur bis zum Frühjahr, der Jahreszeit, die mir die liebste ist, lieber noch als der Sommer. Ja, das wäre mir am liebsten. Aber weil ich das nicht haben kann, hoffe ich, daß ich so etwas wie dem folgenden Gedanken niemals zustimmen werde: »Ich beschloß, im Winter Leben in meinen Garten zu bringen –

zu erreichen, daß Herbst und Frühling sich die Hand geben. Der Winter sollte eine eigenständige Jahreszeit werden, unverzichtbar für den echten Gartenfreund. Ich beschloß, mich – wie jener innovative Gärtner William Robinson – von der Vorstellung freizumachen, der Winter sei eine Trauerzeit für den Garten.« Das schreibt Rosemary Verey in ihrem Buch *Der Garten im Winter*, und nicht eine einzige Idee, nicht ein einziges Photo in diesem Band hat mich zu ihrer Meinung bekehren können; im übrigen sind es gerade solche Texte, die Lust und Freude in Verruf bringen. Die Anstrengung, Schönheit in einem dürren Zweig, einem leblosen Baum, einem schlappen Grasbüschel, der immer noch froststarrenden Erde zu sehen ist etwas, das mir fernliegt und das ich nicht ohne Überwindung zustande bringe.

An einem sehr kalten Winterabend dieses Jahres hatte ich mit meiner Freundin Kristen in einem trübseligen Restaurant in Bennington gegessen (das nur deshalb trübselig ist, weil sie sich dort standhaft weigern, einmal die Speisekarte zu ändern. Jahrein, jahraus offerieren sie die gleichen Gerichte, die durchaus schmackhaft sind, aber nie Neues bieten, weshalb ich unfreundliche Briefe an den Küchenchef zu schreiben pflege, aber nur in Gedanken, ich schicke sie niemals ab), und als wir zu unseren Autos gingen, deutete sie auf einen dürren Stengel, den Rest einer purpurfarbenen Rudbeckie, die ich hatte blühen sehen, und sagte: »Ist das nicht toll? Ich habe beschlossen, nur Sachen anzupflanzen, die gut aussehen, wenn sie tot sind und es in meinem Garten kalt ist.« Wieder mußte ich an die innere Anstrengung denken, die mich eine solche Auffassung kostet, und dabei fielen mir auch die Lilien im Garten meiner Freundin Love wieder ein. Daß ich diese Lilienart nicht mag, liegt daran, daß ich vor Jahren, als junges Ding, einmal in der Woche eine halluzinogene Droge nahm; nach etwa einem Jahr wirkte das Halluzinogen nicht mehr, ich merkte nur noch das Amphetamin, das in der Droge enthalten war, auf das mein Magen mit Krämpfen und Kribbeln reagierte. Die Tabletten waren manchmal quadratisch, manchmal rund und glasig und paßten gut auf die Mitte meiner Zunge; manchmal waren sie gelb, manchmal orange, von Farbton und Beschaffenheit genau wie Loves Lilien. Sobald ich sie jetzt sehe, das Wachsartige ihrer Beschaffenheit, ihre psychedelischen Farben, rebelliert unweigerlich mein Magen. Beim Essen hatte ich mit Kristen darüber gesprochen, wie bedrückend ich den Winterbeginn, die Wintermitte, das Winterende finde und wie sehr mir mein Garten fehlt, und sie sprach von saisonalen Stimmungsschwankungen (das waren ihre Worte) und den vielen stimmungsaufhellenden Mitteln, die dem normalen Bürger heutzutage zur Verfügung stehen. Das Stichwort ›Prozac‹ fiel, und mir fiel ein, daß auf irgendeine Bemerkung hin Fred Seidel (der Patenonkel meines Sohnes) gesagt hatte, Prozac sei das Aspirin der neunziger Jahre; wenig später sah ich die Droge auf der Handfläche eines Apothekers, ich hatte ihn gebeten, sie mir zu zeigen. Sie war zweifarbig, hellgrün und schmutzigweiß, das sind Winterfarben, Farben von der »raffiniertesten Palette der Natur« (Rosemary Verey). Als wir uns trennten, meine Freundin und ich, schwärmte sie immer noch von dem, was schlafend und tot vor ihr stand, den Überbleibseln eines Feuers im Eis. Ich möchte irgendwo sein, dachte ich, wo niemand so etwas sagt, wo niemand so empfindet, wo niemand eine Landschaft voll schlafender und toter Dinge sieht und bereit ist, Berge zu versetzen, um diesen Effekt zu erzielen; morgen möchte ich an einem Ort sein, der das genaue Gegenteil ist von meinem Hier und Jetzt. Nur wußte ich nicht, ob dieser Ort ein Stimmungsaufheller sein würde oder die Westindischen Inseln…

Erdhafte Freuden

Was braucht die Gärtnerin, was braucht der Gärtner? Schwer zu sagen; ich weiß nur, was ich im Garten brauche. Ich bin eine zerstreute oder – weniger wohlmeinend ausgedrückt – eine unachtsame Person, die ihr Handwerkszeug schlecht behandelt, es Wind und Wetter – Regen, Tau und Sonne – aussetzt. Aus Versehen verbuddele ich Geräte zum Graben oder Jäten in Erdhaufen, lasse Gartenscheren, Handschuhe, ja sogar Pflanzen an Stellen liegen, wo ich sie eigentlich nur zwischenlagern wollte, wo sie aber häufig auf Dauer ihrem Schicksal überlassen bleiben. Ganz ähnlich ergeht es meinen Gartenbüchern. Mein Exemplar von Peter Beales *Rosen, meine Leidenschaft* ist schmuddelig und zerfleddert, weil ich beim Pflanzen oder Jäten oder Gießen darin lese. Ich lese dann darin, weil Lesen mir das Liebste ist auf der Welt, und ich kann mir keine Beschäftigung vorstellen, bei der man nicht auch lesen könnte – was für ein Glück, denn ohne Beschäftigung könnte ich mir meine Leseleidenschaft gar nicht leisten. Vor allem glaube ich, daß man von allem, was man braucht oder liebt, mehr als ein oder zwei Exemplare haben sollte. Die Liebe selbst muß man in so großen Dosen in sich aufnehmen, daß einem fast ein bißchen schlecht davon wird.

Mit dem Säen und Pflanzen – was nicht dasselbe ist wie Gärtnern – habe ich, wie gesagt, an meinem zweiten Muttertag angefangen, als mein Mann mir im Namen meiner Tochter ein paar Samentütchen schenkte (ich erinnere mich nur an Rittersporn und Tagetes), dazu einen Rechen, eine Hacke und eine Grabgabel, alles vom Kaufhaus Ames in Bennington, Vermont. Ich ging in den Garten, grub ihn um und streute die Samen aus. Dabei schürfte ich mir den rechten Zeigefinger auf, bekam einen Muskelkater in Waden und Schenkeln, und die Grabgabel ging kaputt; trotzdem wollten die Samen nicht aufgehen, denn der Garten lag im Schatten alter Ahornbäume. Inzwischen bin ich eine richtige Gärtnerin und will hier ein paar Sachen aufzählen, die mir lieb und wert, ja geradezu unentbehrlich geworden sind.

Schon sehr bald erstand ich ein paar gute Werkzeuge – Pflanzkelle, Pflanzholz, Kultivator und Unkrautstecher – alle bei Smith & Hawken, wenn ich mich recht erinnere. Pflanzkelle und Kultivator haben inzwischen das Zeitliche gesegnet, die neuen sind von Langenbach, einer Firma für Gartengeräte in Stillwater, New Jersey.

Praktisch ist eine Segeltuchtasche, in der man seine Geräte immer greifbar hat – man darf nur nicht vergessen, hineinzutun, was man braucht, ehe man in den Garten geht, aber jede andere alte Tasche tut es auch, vorausgesetzt, sie verträgt Schmutz und Wasser und bekommt dadurch eine schöne Patina. Im Idealfall stecken in meiner Gartentasche jede Menge Bast zum Aufbinden und zum Markieren von Reihen, eine kleine Schere zum Bastschneiden, ein Taschenmesser, Handschuhe noch und noch, weil ich aus eigener Erfahrung weiß, daß sich nie ein passendes Paar findet (übrigens: die Handschuhe von Womanswork in York, Maine, sind die besten, die ich je hatte); eine Schachtel Stahlnägel speziell zum Anheften von Rosen oder anderen kräftigen Kletterpflanzen an einer Wand oder einem Pfahl; ein kleiner – fast nur spielzeuggroßer – Hammer; ein Drahtschneider; ein Tacker,

Leute, die ihr Fach verstehen; sie können einfach nicht anders. Und wir alle, zumal wir Gärtner, brauchen dringend jemanden, dessen Rat und Ansichten wir ignorieren können, auch auf die Gefahr hin, daß unsere Pflanzen leiden. Das *Rose Book* von Thomas (*The Old Shrub Roses*, *Shrub Roses of Today* und *Climbing Roses* sind in einem Band zusammengefaßt von Sagapress/Timber neu aufgelegt worden) ist vielleicht das wichtigste Buch für jeden Gärtner, der sich für Rosen interessiert. Es ist nicht enzyklopädisch wie das von Peter Beale, sondern beschränkt sich auf die Rosen, die Thomas gut kennt. Persönliche Erfahrung und botanische Geschichte gehen in seinen Texten eine reizvolle Verbindung ein: »Deutlich erinnere ich mich auch an den Tag, an dem ich meine erste Rose kaufte – ›Mme Caroline Testout‹, gefolgt von anderen Teehybriden, die inzwischen an Bedeutung verloren haben. Sie wurden mir von einem Onkel empfohlen, der ein Kenner war und in seinem Garten zu meiner großen Freude jede Rose mit einem gußeisernen Namenschild versehen hatte.« Wenn ich in diesem Buch lese, habe ich gern den Katalog der Pickering Nurseries (in Pickering, Ontario) bei der Hand. Manchmal ist seine Beschreibung einer Rose so verlockend (über ›Guinée‹ sagt er folgendes: »Tiefstes Dunkelrot mit scharlachroter Mitte, rein, nicht verblassend, ohne Purpurton, wunderschöne wohlgeformte Blüten und intensiver Rote-Rosen-Duft«), daß ich sie sofort haben will, und oft finde ich sie dann im Pickering-Katalog.

Weil alles Autoritäre und überdimensioniert Selbstbewußte mich fasziniert, dürfen hier auch die von mir hochgeschätzte *Wyman's Gardening Encyclopedia* von

Donald Wyman, *America's Garden Book* von James Bush-Brown und Louise Bush-Brown und alle Bücher von Gertrude Jekyll nicht unerwähnt bleiben. Wyman gibt schon im ersten Satz den Tyrannen: »Ein gefälliger, gut angelegter Garten spiegelt die Persönlichkeit seiner Besitzer, ist lebender Beweis dafür, daß sie Interesse und Begeisterung für Pflanzen mitbringen, daß sie über ein angeborenes Gefühl für Struktur und gute Farbkombinationen und gärtnerisches Wissen verfügen.« Bei den Bush-Browns beginnt die Tyrannei beim Titel: *America's Garden Book*. Kann es überhaupt ein anderes geben? Ganz offensichtlich nicht. Jekyll kujoniert ihre Leser so: »Jedes Jahr, in dem sich die durch aktuelle Beobachtung bei der farblichen Anordnung von Pflanzen gewonnene Erfahrung niederschlägt, unterstreicht die Bedeutung einer wohlüberlegten Verwendung von dem, was ich mangels einer besseren Bezeichnung ›Zwischenpflanzung‹ nennen möchte – Pflanzen, die man nicht der Blüten wegen nutzt, sondern ihrer ausgleichenden Eigenschaften wegen, dank derer sie sich mit dem Farbenspiel ihrer Nachbarn verbinden und es steigern.« Einer Autorin, die so einen Satz zustandebringt, kann ich nicht widerstehen.

Ich war in Sissinghurst; ich habe Jane Browns *Sissinghurst: Portrait of a Garden* gelesen; alle berühmten Gärtner, die ich kenne, lieben diesen Garten und alles, was mit ihm zusammenhängt, insbesondere seine Schöpfer, Vita Sackville-West und ihren Mann. Es ist ein wunderschöner Garten, eine außergewöhnliche Kreation. Und dennoch läßt er mich kalt. Vielleicht liegt es daran, daß ich zu viele von Sackville-Wests Schriften gelesen habe.

Das Beste von dem, was sie über Gärten geschrieben hat, findet sich in der Anthologie *The Illustrated Garden Book* von Robin Lane Fox, auch er ein exzeptioneller Gärtner. Ich habe den Verdacht, daß meine Abneigung gegen Sackville-West und ihren Garten auf ihre Betrachtungen über Gärten zurückgeht, auf die Art, wie sie es fertigbringt, die Welt um sich herum überhaupt nicht wahrzunehmen. Denn in Wirklichkeit ist es ja so, daß man im Garten die Welt nicht außen vor lassen kann, zumindest geht es mir so, und deshalb ist aus meiner Sicht Nina Simones Autobiographie als Begleitband zu den Schriften von Vita Sackville-West unverzichtbar. Von einem Garten ist in Nina Simones Lebensbericht ebensowenig die Rede wie in Sackville-Wests Bericht über Gärten von der traurigen Bürde dieser Welt. Das eine Leben ist so voller Dramatik, daß es sich jeder Dramatisierung entzieht, in dem anderen begibt sich so wenig Dramatisches, daß jetzt, lange, nachdem es vorbei ist, nur alberne Dramatisierungen geblieben sind. Und doch, und doch: So wie es sich für jede aufstrebende Jazzsängerin lohnt, sich Nina Simone anzuhören, so lohnt es sich auch für jede Gärtnerin, den Garten mit Vita Sackville-Wests Augen zu betrachten.

Der Maler mit dem bekanntesten Garten ist natürlich Claude Monet. Alle Gartenbesitzer, die ich kenne, haben in ihrem Garten Pflanzen aus Samen, die in Monets Garten gesammelt wurden. Meist sind es – einleuchtend genug – Stockrosen. Stockrosensamen kann man leicht stiebitzen. (Als ich im September durch einen öffentlichen Park in der Ukraine ging und dort Stockrosen entdeckte, die mir besonders gut gefielen, habe ich eine

Handvoll Samen mitgehen lassen und sie in einer fast leeren Schachtel Damenbinden nach Amerika gebracht). Ich kenne Monets Garten aus Büchern. Auf diese Bücher trifft man überall, vor allem natürlich in den Häusern von Leuten, die etwas von Monet in ihrem Garten haben. Auf den Photos von Giverny erkennt man (ganz anders als auf den Gemälden), daß alles überwuchert und übergroß ist, und genau diese Art von Garten gefällt mir, weil ich finde, daß er eine geistige Großzügigkeit verrät, die sehr tröstlich ist. Deshalb mag man es paradox finden, wenn ich ein Buch mit Gartenbildern nicht von Monet, sondern von einem seiner Gönner und Zeitgenossen, Gustave Caillebotte, empfehle. Das Buch *Caillebotte and his Garden at Yerres* von Pierre Wittmer zeigt einen Garten, der von seiner Atmosphäre her fast das Gegenteil ist von Giverny. Caillebotte war ein reicher Mann, und sein Garten ist geprägt vom Weitblick des Wohlstands, von der Ordnung, die man mit Geld kaufen kann. Auf dem stimmungsvollsten Bild sieht man eine schnurgerade ausgerichtete Reihe von Gemüsepflanzen unter schräggestellten Glasglocken, dahinter zwei barfüßige Männer, die etwas begießen, das wie Kopfsalat aussieht.

Ich kann auch Samen von Thompson & Morgan empfehlen, aber nur von Pflanzen, die anderswo schwer zu bekommen sind. So bieten sie zum Beispiel Tibet-Scheinmohn, Nepal-Scheinmohn, Waldscheinmohn an und eine richtig vulgäre Schönheit, den *Meconopsis cambrica* ›Frances Perry‹. Weil es nicht so einfach ist, eine ungewöhnliche Pflanze wie den Scheinmohn bis zum Setzlingsstadium heranzuziehen, wäre mein Vorschlag, daraus ein Geschenk mit Hand und Fuß zu machen und die Samen einem freundlichen, fachkundigen Gärtnereibetrieb anzuvertrauen, der nicht allzu weit entfernt liegt, damit der Beschenkte die Pflanzen im Frühjahr problemlos abholen und auspflanzen kann. Ich habe so einen Experten in Jack Manix von der Walker Farm in Dummerston, Vermont, gefunden. Im Januar habe ich ihm zwölf verschiedene Sorten Fingerhutsamen geschickt, die ich bei Thompson & Morgan gekauft hatte und bei keinem anderen Samenhändler hatte auftreiben können. Im Mai habe ich die Setzlinge bei Jack abgeholt, sie in meinen Garten gepflanzt und freue mich auf die Blütenpracht im kommenden Frühjahr.

Zu den Dingen, die mir und meinen Mitgärtnerinnen und -gärtnern außerdem Freude machen würden – oder zumindest denjenigen, die auf meinem bescheidenen Wissensstand sind –, gehören Strauchpäonien (erhältlich bei der Klehm Nursery), seltene Rhododendren, Azaleen oder Kalmien (von Mr. Carlson, Carlson's Garden, South Salem, New York); Rosen, insbesondere alte Rosen, nicht die von David Austin und nicht die modernen Teehybriden; Terrakottatöpfe der Familie Masini in Impruneta, Italien; ein Abonnement für *Gardens Illustrated* (London), die beste Gartenzeitschrift, die derzeit auf dem Markt erhältlich ist; und die Mitgliedschaft in der Royal Horticultural Society. (Damit verbunden ist der freie Eintritt in Wisley, was einem wenig nützt, wenn man nicht in der Nähe wohnt, aber der kostenlose Bezug der von der Royal Horticultural Society herausgegebenen Zeitschrift *The Garden* ist – einerlei, wo man wohnt – das eigentliche große Plus.)

Wenn Sie einen Gärtner bedenken wollen und sich bei der Vielzahl der Geschenkvorschläge nicht entscheiden können oder wenn der Gedanke Sie schreckt, daß Rosen und Päonien gerade Winterschlaf halten und erst im Frühling verschickt werden können, machen Sie einfach folgendes: Malen Sie Ihr Geschenk, stecken Sie das Bild in einen Umschlag und schreiben Sie ›Demnächst‹ auf den Umschlag. Das paßt sogar sehr gut, denn zur Persönlichkeit eines Gärtners, ja zu seiner Welt gehört ganz wesentlich die Einstellung, die in diesem einen Wort zum Ausdruck kommt: ›Demnächst‹.

Lektüre

Wir hatten 23 Grad unter Null; dann kam der Ronniger Saatkartoffelkatalog, und der Tag war gerettet, denn nun konnte ich, im heißen Badewasser sitzend, meiner Lust auf eiskaltes Ginger Ale und Apfelsinen nachgeben und in diesem kleinen Kunstwerk lesen. Es ist der schönste Katalog von allen, die ich Jahr für Jahr bekomme, schlicht wie ein Methodistenchoral (ich bin als Methodistin aufgewachsen und denke an das erste Lied in meinem Kindergesangbuch *All Things Bright and Beautiful*), unaufwendig, direkt, bescheiden und tröstlich – das genaue Gegenteil des Katalogs der White Flower Farm, einem üppig-bombastisch und teuer wirkenden Machwerk. Der Ronniger-Katalog ist auf Zeitungspapier gedruckt, und die Photos sehen aus wie mit einer nicht besonders guten Kamera oder von einem nicht besonders guten Photographen aufgenommen – vielleicht auch beides –, aber sie haben ihren eigenen Reiz. Menschen sind darauf zu sehen, die etwas mit Kartoffeln anstellen, oder Geräte, die man für den Anbau von Kartoffeln braucht, oder auch einfach nur Kartoffeln, die in einer Schale oder einem anderen haushaltsüblichen Behältnis liegen. In diesem Katalog geht es nur um Kartoffeln und ein paar andere Sachen, mit denen Kartoffeln noch besser schmecken (Zwiebeln, Knoblauch, Salz) oder mit deren Hilfe sie noch besser gedeihen (eine Gründüngung mit Alfalfa oder Klee). Auf einem besonders liebenswerten Bild liest ein Junge Kartoffeln zusammen, sein Gesichtsausdruck ist selig selbstversunken, als sei die Welt außerhalb des Kartoffelanbaus für ihn gar nicht vorhanden. Aber das ist Spekulation, ich lese etwas in ein Bild hinein, das ich im heißen Wasser einer Badewanne sitzend anschaue, während ich ein kaltes Ginger Ale trinke und Apfelsinen esse; gut möglich, daß dieser Junge nicht nur mit allem, was den Kartoffelanbau betrifft, bestens vertraut ist, sondern auch mit der Geschichte der Kartoffel und der wichtigen Rolle, die sie in der Ernährung seiner Vorfahren und somit in ihrer Entwicklung als Volk spielte.

Daß ich Kataloge bekomme und lese, ist für meinen Garten vielleicht nicht ganz so wichtig wie das Unkrautjäten, aber für mich beginnt damit das Gartenjahr. Wenn ich mich gerade damit abgefunden habe, daß es nie wieder eine neue Gartensaison geben wird, trudeln nach und nach die Samen- und Pflanzenkataloge ein. Die sehr großen, aufwendigen, die der White Flower Farm und von Wayside Gardens zum Beispiel, sind ein rechter Seelentrost; die lese ich nie, aber an den Bildern kann ich mich nicht satt sehen. Die Kataloge, die sich am besten zu Lesen eignen, sind ein wenig wie wunderbare Bücher, mit ihnen tauche ich tief in die Welt des Gartens ein, in die Anzucht der darin beworbenen Dinge (denn was sind diese Beschreibungen von Samen und Pflanzen anderes als Werbung), und plötzlich habe ich das Gefühl, mich nicht mehr losreißen zu können, das Herz wird mir weit, meine Phantasie kommt in Schwung, wenn ich mir den Garten unter seiner weißen Last anschaue und schon all die wunderbaren Dinge darin sehe, die der Katalog mir verspricht.

In diesem Zustand las ich Ronnigers Saatkartoffelkatalog. Die Frühkartoffel ›Dazoc‹ wird darin so beschrieben: »Einmalig, diese köstliche rote Kartoffel ... Wir fanden sie ganz in unserer Nähe, in der Moyie River Road, wo sie seit 1953 von Bud Behrman angebaut wird, der behauptet, sie komme aus North Dakota und sei längst von den kommerziellen Märkten verschwunden. Er und sein Bruder haben jedoch all die Jahre getreulich an ihr festgehalten. Runde rote tiefe Augen, vorzüglicher Geschmack, phantastisch als Baked Potatoe und als Hash Browns, gut zu lagern. Die Behrmans verzehren sie bis zur nächsten Kartoffelernte.« Diese scheinbar so nüchterne Beschreibung verlockt mich zu stundenlangen tiefsinnigen Überlegungen und genußreichem Spintisieren: Wie viele Frühkartoffelsorten kann ich in diesem Jahr anbauen? Soll ich ›Dazoc‹ dazunehmen? Eine Kartoffel, die ein Bud Behrman anbaut, der sie mit seiner Familie regelmäßig verzehrt, muß eine gute Kartoffel sein. Und die Behrmans ... wer sind diese Behrmans? Ich stelle mir vor, daß sie besonders nette Menschen sein müssen. In jungen Jahren, als ich weit weg von meiner Familie lebte und mir beinahe jede Art von Häuslichkeit fehlte, trieb ich einen Kult damit, mir das Familienleben ganz gewöhnlicher Menschen in ihrem Heim vorzustellen. Ich verschlang Frauenzeitschriften und kochte häufig ganze Menüs (aus Dosenfleisch und tiefgefrorenem Gemüse) nach ihren Rezepten. Einmal kochte ich das jährliche Thanksgiving-Essen einer Familie irgendwo im Mittelwesten nach. Das Essen war des langen und breiten in einer der bewußten Zeitschriften beschrieben, und die Schilderung dieser Menschen und ihres Essens hatte mich so in ihren Bann geschlagen, daß ich nicht nur das komplette Menü nachkochte, sondern hinterher, nachdem Sandy Frazier und ich es gemeinsam verspeist hatten, die Familie im Mittelwesten anrief und davon erzählte, was diese verblüfft und wohl auch ein bißchen geschmeichelt zur Kenntnis nahm. Danach schrieb ich eine Geschichte für die ›Talk of the Town‹-Kolumne des *New Yorker* und zog damit gewissermaßen einen Schlußstrich unter dieses Entfremdungssymptom in meinem Leben. Gerade diese Erinnerung aber hat mich dann veranlaßt, die ›Dazoc‹-Kartoffel nicht zu bestellen, sondern mir die Behrmans und ihre kulinarischen Kartoffelfreuden lieber nur auszumalen.

Als nächstes nahm ich mir Shepherd Ogdens Katalog *The Cook's Garden* vor, den er mit seiner Frau herausgibt. Bei ihm beziehe ich meinen Kopfsalat, die anderen grünen Salate und die Rote Rübe ›Formanova‹, die er folgendermaßen beschreibt (die Texte verfaßt er selbst, er ist schriftstellerisch ausgesprochen begabt): »Schon lange eine unserer Favoritinnen, und das aus gutem Grund. Sehr zart und süß, von einer idealen Möhrenform, leicht zu schälen und zu schneiden. Kann dichter gepflanzt werden als andere Gemüsesorten und ist dadurch ertragreicher.« Nur sieht diese Rote Rübe nicht aus wie eine Möhre, sondern wie ein Penis, und deshalb nenne ich sie nur die Pimmelrübe. Vor der Entdeckung des Ronniger-Katalogs war dies mein Lieblingskatalog, und auch jetzt lese ich ihn – seiner Beschreibungen wegen – wieder und wieder. Ich kenne Shep sehr gut, er war mein Vormieter in meinem ersten Vermonter Haus, und wenn ich seinen Katalog lese, ist das fast so, als ob ich mich mit ihm unterhielte. Bei unserer ersten Begegnung wußte ich nicht recht, was ich von ihm halten sollte. Er ist sehr groß, bewegt sich sehr schnell für seine Größe und spricht so schnell, wie er sich bewegt. Dann erzählte er mir eines Tages, daß er bis zu seinem achtzehnten Lebensjahr nur einen Meter fünfundfünfzig groß war und innerhalb eines Jahres dreißig Zentimeter in die Höhe schoß, aber als Halbwüchsiger fand er sich immer zu klein, und darüber ist er nie hinweggekommen. Weil ich das weiß, ist mir, wenn ich seine Kataloge lese, als ob er unmittelbar zu mir spräche.

Ich fürchte, daß ich ein bißchen (ein bißchen?) in *Shepherd's Garden Seeds Catalog* verknallt bin (diese Shepherds sind nicht mit Shep Ogden verwandt): Prompt habe ich dort mehr bestellt, als ich wollte. Aber die Beschreibung der Gurke ›Kidma‹ war unwiderstehlich. »Eigens gezüchtet zum Aus-der-Hand-Essen, sind sie am besten, wenn man sie in einer Länge von 15 bis 20 cm erntet. Kommerziell kommen diese Gurken nicht auf den Markt, weil sie für den Transport zu empfindlich sind.« Das ist das Schöne an einem Küchengarten, daß man Obst- und Gemüsesorten anbauen kann, die man in keinem Laden findet. Aus *Shepherd's Garden Seeds Catalog* habe ich auch ›Chioggia‹ (dort als italienische Züchtung geführt), die ich im letzten Sommer bei Freunden probiert hatte, und die, wenn man sie durchschneidet, innen rosa-weiße Kreise hat und am besten pur schmeckt, ganz ohne Vinaigrette oder Butter. Auch Blue-Lake-Stangenbohnen habe ich bestellt, die ich noch nie im Garten hatte, das Alleralltäglichste an Bohnen, was man säen kann, und gerade deshalb wollte ich sie in diesem Jahr haben. Auf Seite 38 war eine rosafleischige Kartoffel, ›Cherries Jubilee‹, als »besonders lecker« beschrieben, und das kann ich bestätigen, besonders wenn es gelingt, sie bis in den Januar hinein zu lagern, und wenn man sie dann als Stampfkartoffeln zu einem Essen gibt. Zu *Shepherd's Seeds* habe ich noch mehr Vertrauen, seit ich weiß, daß auch sie ihre Kartoffeln von Ronniger beziehen, aber in Ronnigers Katalog ist die ›Cherries Jubilee‹ unter ›Probierpackung‹ aufgeführt, was bedeutet, daß man das Saatgut sozusagen nur als Probe bestellen kann, wobei eine Probe jeweils ein halbes bis ein Pfund wiegen darf. Bei Shepherd's hatte ich drei Pfund bestellt, aber bei den Blumensamen gab es dann für mich kein Halten mehr: Allein je drei Tüten ›Old Spice‹- und ›Early Mammoth‹-Wicken – wo ich sie unterbringen soll, weiß ich noch nicht, aber irgendwo muß einfach noch Platz sein, Wicken hat man nie genug. Außerdem Samen von roten Pechnelken, Federnelken, Fingerhut, Levkojen und gefüllten Glockenblumen.

All diese Blumen – zusammen mit Jungfer-im-Grünen (von Smith & Hawken), Taglilien, Ballonblumen, Malven und vielen anderen, die ich – jede für sich genommen – schön finde, habe ich bestellt, ohne mich um Gertrude Jekylls Belehrungen in Bezug auf komplementäre oder kontrastierende Farbzusammenstellungen zu kümmern. In letzter Zeit habe ich mich sehr intensiv mit ihren Büchern beschäftigt, ein großer Genuß, bei dem ich mich nur durch die Ankunft der Frühjahrskataloge stören ließ. In ihrem Werk *Color Schemes for the Flower Garden* (das hierzulande schwer zu bekommen ist, ich habe es rein zufällig in der Buchhandlung Borders in Ann Arbor, Michigan, entdeckt) schreibt sie: »Ich bin ganz entschieden der Ansicht, daß der Besitz einer gewissen Menge von Pflanzen, so gut die Pflanzen selbst sein mögen und wie groß ihre Zahl auch sei, noch keinen Garten ausmacht, sondern nur ein Sammelsurium ist.« Und weiter: »Auf ein- und demselben Raum kann man mit dem gleichen Material einen Traum an Schönheit gestalten, einen idealen Ort der Ruhe und Erholung für Körper und Geist, ein schön gefaßtes Geschmeide, oder eine Reihe von Bildern herstellen, die der Seele wohltun –, oder man kann beides derart mißbrauchen, daß das Ganze schrill und unerfreulich wirkt. Diesen Unterschied zu erkennen und das Rechte tun zu lernen bedeutet, die Gartenarbeit als eine der Schönen Künste zu begreifen.« All das und vieles mehr von dem, was sie zu Schönheit und Kunst im Garten zu sagen weiß, hat natürlich seine Richtigkeit, aber was mache ich, wenn die Blumen, die ich liebe und gerne in meinem Garten hätte, in der Zusammenschau schrill und unerfreulich wirken? Als ich noch in meinem alten Haus wohnte – Mrs. McGoverns Haus, dem Gelben Haus –, mit dem Gärtnern gerade angefangen hatte und sogar noch weniger wußte als jetzt, kam mir eines Tages die Idee, inmitten meines kleinen Rasens ein großes quadratisches Beet anzulegen. Es war ein wunderlicher Einfall – zumindest bekam ich das von allen Seiten zu hören –, aber ich ließ mich nicht beirren, setzte Pflanzen hinein, die ich mochte: weiße Pfingstrosen, rosa Pfingstrosen, gelbe Lupinen, Hornveilchen und Portulak, und an den einen Rand Lavendel und Oregano. Ich fand mein Viereckbeet wunderschön und habe oft lange in einem Gartenstuhl davorgesessen und es bewundert; damals waren Lupinen meine große Liebe.

In meiner Begeisterung für das, was ich liebe oder vielleicht einmal lieben werde, habe ich bei Wayside Gardens sechs *Rugosa alba*-Rosen bestellt, eine ›Reine des Violettes‹ und eine ›Madame Isaac Pereire‹. Ich hatte auch vier ›Paul's Himalayan Musk‹ haben wollen – eine wundervolle pinkfarbene Ramblerrose, die ich an einem alten Apfelbaum hochziehen wollte (die Idee stammt nicht von mir, sondern von Gertrude Jekyll), aber sie waren ausverkauft. Die *Rugosa alba* will ich an die Straße setzen, dort ist eine Stelle frei; wie sie sich dort machen werden, weiß ich nicht, aber wegen der vielen Dornen sind sie sicher vor dem Wild oder halten es womöglich sogar ab. Es könnte sein, daß auch die ›Reine des Violettes‹ ein bißchen sonderbar ausfällt – im Katalog hatte sie einen bläulichen Schimmer. Ich glaube, daß ich blaue Rosen eigentlich nicht mag –, aber nach der Abbildung sah ich sie vor meinem inneren Auge sofort in der hintersten Ecke meiner neuen Mauer, zusammen mit gefüllten Glockenblumen, blauen und rosafarbenen Ballonblumen (White Flower Farm) und blauen und weißen Glockenblumen. Zu der großen Bestellung bei der White Flower Farm – mit der ich gegen meinen Vorsatz verstieß, dort nicht zuviel zu bestellen, weil sie teuer sind und in ihrer Werbung so arrogant wirken, allerdings sind ihre Taglilien die besten, die ich je hatte – gehören auch sechs kanadische Wasserlilien. Am besten sehen sie aus, wenn sie von sehr viel grünem Gras und braunen Baumstämmen umgeben sind, so habe ich sie gesehen, als ich mich in sie verliebte, auf einem Feld gegenüber von meinem ersten Haus in Vermont, dem Haus, in dem Shep Ogden wohnte. Sie sind hoch, mit ziemlich dünnem Schaft und cadmiumfarbenen becherförmigen Blüten und gesenkten Köpfen, als wollten sie äußerste Demut demonstrieren. Nur:

Wohin mit ihnen? Und dann kamen noch zwei wunderbare Posten aus dem Jackson & Perkins-Katalog: die Kletterrosen ›Cecile Brünner‹ und ›Ballerina‹. Die ›Ballerina‹ soll an einem Ende neben den Stockrosen stehen und die ›Cecile Brünner‹ am anderen, dort möchte ich sie über die Hintertür und um ein paar Fenster herumranken lassen. Wie das aussehen wird, weiß ich noch nicht. Kann sein, daß es nicht nur gegen bestehende Regeln verstößt, sondern mir letztlich auch gar nicht gefällt.

Im Katalog von Park Seed entdeckte ich wunderschöne Portulakröschen. Wenn ich an diese kleine Pflanze mit den kurzen fleischigen Blättern und den rosenartigen Blüten denke, die sich so schnell ausbreitet, sehe ich sie immer isoliert vor mir, ohne eine Vorstellung davon, wie sie in den Garten passen würde. Meine Liebe zu dieser kleinen Pflanze ist mir inzwischen kein Rätsel mehr. Als ich letzten Sommer vor ihr kniete, um besorgt zu überprüfen, ob es ihr auch gutginge (Gärtner sorgen sich unentwegt um irgend etwas, selbst wenn alles glatt verläuft), wurde mir plötzlich klar, warum ich sie so gern habe. Als ich klein war und auf Antigua lebte, gab meine Mutter mich hin und wieder in die Obhut einer Frau, die mich, sobald wir allein waren, zu einem Freund mitnahm, einem Schauermann, dessen Name mir entfallen ist. Die beiden unterhielten sich eine Weile, dann verschwanden sie miteinander im Haus – um, wie ich später begriff, Sex zu haben – und überließen mich draußen mir selbst. Er wohnte in einem kleinen gelben Haus, und die Fensterläden, die sie vorlegten, sobald sie es betreten hatten, waren leuchtend blau. Vor dem Haus war ein kleiner Weg, rechts und links flankiert von einem dichten Teppich eben jener Portulakröschen, die wir Junggesellenknöpfe nannten und die dort mehrjährig sind. Die Blüten waren scharlachrot und dunkellila, und ich tanzte um sie herum und spielte ein kleines Mädchen aus der Fremde. Von diesem Weg aus konnte ich das Meer sehen, und manchmal fuhr ein mit Zuckerrohr beladener Zug vorbei, denn das Haus stand an der Bahnstrecke. Danach gingen die Frau und ich zurück zu ihrem Haus, und sie hatte immer eine Tüte braunen Zucker dabei – Rohzucker, fast noch Melasse –, und manchmal schenkte sie mir ein Stück. Als meine Mutter von unseren Abstechern zum Haus des Schauermanns erfuhr, kam es zwischen den beiden zu einem furchtbaren Krach, aber den hätten sie sowieso bekommen, denn dort unten zankt man sich unentwegt.

Gertrude Jekylls Kinderfrau sagte zu der kleinen Gertrude, Löwenzahn sei »eklig«, und verbot ihr, welchen zu pflücken und mit nach Hause zu nehmen. Das habe ich einer Biographie über Miss Jekyll entnommen, die von einer gewissen Sally Festing verfaßt wurde und in der ich neben den Frühjahrskatalogen und Gertrude Jekylls eigenen Schriften immer mal wieder geblättert habe. Ich kann den Schmerz genau nachfühlen, den Autoren empfinden, wenn man sie kritisiert, deshalb mag ich mich nicht allzu laut darüber äußern, wie unbefriedigend ich dieses Buch fand. Nicht ausgeschlossen, daß die Löwenzahnmißbilligung der Kinderfrau Gertrude Jekyll zu dem machte, was sie war, und ihre Berufswahl bestimmte, aber davon schreibt die Autorin nichts; derlei Spekulationen scheinen sie nicht zu interessieren. Es ist ein sehr achtbares und diskretes Buch – Eigenschaften, die ich bei

Freunden schätze, aber nicht bei Büchern. War Gertrude Jekyll jemals verliebt? Hatte sie jemals Sex? Das sind die Dinge, die ich über andere Leute wissen will und in dieser Biographie nicht finde. Immerhin steht darin, daß sie mit vielen Frauen eng befreundet war. Und daß sie John Ruskin kannte. Aber ich hätte gern gewußt, was Gertrude davon hielt, daß ein englisches Gericht Ruskins nie vollzogene Ehe annullierte. Er hatte zu seinem Entsetzen in der Hochzeitsnacht feststellen müssen, daß seine Frau Schamhaar besaß, daß sie nicht glatt und haarlos war wie die nackten Statuen, für die er so schwärmte. (All das habe ich allerdings anderswo gelesen). Festings Biographie plätschert harmlos dahin, um einen dann unvermutet mit einer wirklich neuen Information zu überraschen. Ich hatte im Kopf, daß Edwin Lutyens und seine Frau Emily sehr ineinander verliebt waren, und nun mußte ich mit einemmal lesen, daß Emily sich – die näheren Umstände blieben offen – mit Krishnamurti eingelassen hatte und Edwin mit Lady Victoria Sackville und ihrer Tochter Vita bei Gertrude auftauchte. Ich vermute, daß Edwin und Lady Victoria Sackville ein Verhältnis hatten. Lutyens nannte Gertrude manchmal Bumps, manchmal Woozle. Sie war eine sehr häßliche Frau und sich dessen wohl bewußt. Gibt es eine bessere Möglichkeit, von der eigenen Person abzulenken, als feierlich zu verkünden, was in einem Garten als korrekt und schön zu gelten hat? Was für ein ideales Beispiel dafür, wie man aus seinen Neurosen eine Tugend machen kann!

Als ich mit diesem Artikel fertig war, zeigte das Thermometer vor meiner Tür 25 Grad unter Null. Jetzt *weiß* ich, daß es nie wieder Frühling werden wird. Ich werde den Rest meines Lebens damit verbringen, Samen- und Pflanzenkataloge zu lesen und Bücher über Gärten und die Menschen, die sich dieser Gärten annehmen.

II

Der alte Koffer

In einem der Zelte der Chelsea Flower Show – einer riesigen Ausstellung auf dem Gelände des Royal Hospital in Chelsea, die jeden Sommer von der Royal Horticultural Society veranstaltet wird und vier Tage dauert – überkam mich plötzlich ein Gefühl, wie es die berühmten Pflanzenräuber (David Douglas, Archibald Menzies, Asa Gray, Thomas Nuttall, John Torrey, Joseph Banks, Ernest Wilson) beim ersten Anblick einer besonders reizvollen Pflanze gehabt haben mögen: Ich wollte das, was ich da gerade sah, sofort in die Handtasche stecken und mitnehmen. »Das« war eine *Verbascum* ›Helen Johnson‹, eine mir bislang völlig unbekannte Königskerze. Sie war von eben jener Helen Johnson, nach der sie benannt ist, in den Royal Botanic Gardens in Kew entdeckt worden. Die Blätter sehen genauso aus wie bei der wilden Königskerze, die ich bei mir am Haus ziehe, aber die Blüte ist bräunlich-aprikosenfarben, fast durchscheinend, mit einem Quirl gelb-violetter Staubgefäße in der Mitte. Mag sein, daß ich nur deshalb so hingerissen war, weil ich diese Sorte zum ersten Mal sah, aber ich hatte wirklich das Gefühl: Die mußt du haben. Man kann sie nicht aus Samen ziehen, denn die Samen sind unfruchtbar, sondern nur durch Stecklinge vermehren, wie mir Adrian Bloom von Blooms of Bressingham sagte; das war der zweite Stand, an dem ich *Verbascum* ›Helen Johnson‹ entdeckte. Während unseres Gesprächs merkte ich, daß er (nicht so sehr physisch, aber durchaus erkennbar) auf

Distanz ging. So vertraut ihm der Fanatismus von Pflanzenfreunden eigentlich sein müßte – mein Enthusiasmus war ihm deutlich zuviel. Noch Tage nach dieser ersten Begegnung mit ›Helen Johnson‹ zerbrach ich mir, während ich durch Englands berühmte Gärten zog, den Kopf darüber, wie ich sie in meine Heimat schmuggeln könnte. Bei der Zeitungslektüre stieß ich auf einen Artikel über die Nöte englischer Imker. Ganze Völker mußten vernichtet werden, weil unter ihnen die Varroa-Milbe wütete, ein Parasit, der die jungen Bienen noch in der Wabe befällt, so daß sie deformiert geboren werden. Die Milbe kam angeblich nach England, nachdem Imker mit ihren Völkern nach Frankreich gereist waren, um die Bienen auf Lavendelpollen anzusetzen; dabei hatten sich die Bienen die Milben vermutllich geholt und nach England eingeschleppt. Soweit ich mich erinnere, habe ich noch nie Lavendelhonig gegessen, aber ich frage mich, ob man ihn, wenn man ihn einmal probiert hat, immer wieder haben muß, koste es, was es wolle.

Fast so, als schämten sie sich der Abneigung und Feindseligkeit, die sie Ausländern entgegenbringen, lieben die Engländer ausländische Pflanzen und nehmen sie samt und sonders bereitwillig auf. Es gibt in England bestimmt mehr Pflanzen als Menschen, die aus dem Himalaya stammen, bei einer Blumenausstellung wie der Chelsea Flower Show ist das augenfällig. Der blaue Tibet-Scheinmohn (*Meconopsis betonicifolia*) zum Beispiel, den ich nur von Abbildungen her kannte, war überall. Ich hatte immer gedacht, seine Heimat sei England, aber nein, er kommt aus dem Himalaya, der Pflanzenjäger Frank Kingdon-Ward hat ihn nach England gebracht, (Pflanzenjäger nannte er sich selbst, eins seiner Bücher heißt *Plant Hunter's Paradise*). Wie er gestorben ist, weiß ich nicht, aber wohl kaum im eigenen Bett.

Ich schlenderte durch das Great Marquee der Chelsea Flower Show, in dem die große Blumenschau zu besichtigen ist, eine vorgetriebene Blütenpracht, die alles übertrifft, was die Natur zustandebringen könnte. Hätte ich nicht gewußt, daß die Chelsea Flower Show bis auf das Jahr 1913 zurückgeht, hätte ich gedacht, daß man so etwas zum erstenmal in Szene gesetzt hatte, daß ich einer Premiere beiwohnte. Es war wie auf einem Kindergeburtstag. Ich war leicht benommen, denn mein Flugzeug war gerade erst gelandet (es war später Vormittag, ich hatte schon gefrühstückt, aber mein Körper behauptete, es sei mitten in der Nacht); ich war benommen, weil ich von so vielen exquisiten Blumen und von Menschen umgeben war, die so lieb und freundlich waren, daß man kaum glauben mochte, daß sie demselben Volk angehörten wie die ruppigen, beleidigenden Zeitgenossen am Zoll. Wenn man sich einem bestimmten Menschen gegenüber einen Groll bewahren will, sollte man ihn nicht inmitten schöner Blumen sehen. Diese Menschen, die hier auf der Chelsea Flower Show zwischen Rhododendren in unglaublichen Mauve-, Pink- und Pfirsichtönen standen, fand ich reizend. Sie strömten durch einen Eingang, der sich das Bull-Ring Gate nennt, kamen vom Chelsea Embankment (auch ich war von dort gekommen), kamen aus allen Himmelsrichtungen und sahen alle nicht aus wie Bürger des 20. Jahrhunderts eines Landes, das einstmals die Welt regiert hat, sondern wie Menschen vom Dorf – von einem Dorf fernab der Großstadt, fernab aller Städte. Sie benahmen sich friedlich und gesittet, wie schlichte Gemüter das tun, sie standen Schlange, sie waren höflich, sie wirkten nicht nervös und schienen (anders als ich) keinen Gedanken an einen terroristischen Anschlag zu verschwenden.

Der Stand mit den Wicken war umwerfend: Keine ›Mammoth Mixed‹ oder ›Old Spice‹, diese sparsam blühenden Sorten, die man gewöhnlich in amerikanischen Gärten antrifft (zumindest in den amerikanischen Gärten, die ich kenne), sondern Wicken mit großen, üppigen Blüten und ganz klaren, einfachen Farben – reines Pink, reines Weiß, reines Mauve, reines Rot – und Namen, die offenbar einem von den Mühen der Namensfindung ausgelaugtem Hirn entsprungen waren (›Band Aid‹, ›Royal Wedding‹). Gleich nach den Wicken kam der Stand mit Peter Beales Rosen, und inmitten dieser Rosen, die noch besser aussahen als im Katalog von Wayside Gardens, stand eine Gruppe zwitschernder, freudig erregter Menschen. Wie sich herausstellte, war eine Herzogin zu Besuch gewesen, hatte der Öffentlichkeit eine neue Rose vorgestellt und war wieder gegangen. Als ich kam, sonnten sie sich alle noch in einer »Ich-hab-die-Herzogin-gesehen«-Stimmung, und ich sehnte mich plötzlich nach meinen Kindern, die mit ihrem Vater zu Hause in Vermont geblieben waren. Meine Kinder verkleiden sich gerne mit alten Sachen von mir, die noch aus viktorianischer Zeit stammen, und spielen »Die Herzogin kommt zum Tee«; die Herzogin kommt, sie trinken Tee mit ihr, sie streiten, sie schlägt ihnen den Kopf ab. Dieses Spiel endet jedes Mal mit schallendem Gelächter. Aber eines Tages werden meine Kinder groß sein, sie werden nicht mehr Herzogin spielen, sondern ein ganz normales, glückliches oder unglückliches Leben voller Stolpersteine führen wie alle anderen Menschen auch. Das Beste, was ich an diesem Tag sah, war das, was das Crown Estate zu bieten hatte – eine Auswahl von Pflanzen aus dem Windsor Great Park, der der Queen gehört. Hier begegnete ich wieder dem Tibet-Scheinmohn (den zu ziehen wegen der heißen, trockenen Sommer in Amerika fast unmöglich ist), ebenso einigen *Hosta sieboldiana*. Und noch einer Pflanze, die mir völlig neu war, eine *Gunnera manicata* (Mammutblatt), deren Blätter so groß sind, daß man damit zehn Kinderpopos zudecken könnte; sie waren gezackt und tief eingeschnitten wie die des Rhizinusbaums, die etwa sechzig Zentimeter hohen Blüten glichen Kiefernzapfen und kamen als obszöner grüner Auswuchs unter den Blättern hervor. Die Pflanze stammt, wie ich von einem sehr netten jungen Mann, einem Gärtner des Crown Estate, erfuhr, aus Brasilien. Ich verpaßte die Enthüllung der Prachtspiere ›Catherine Deneuve‹ (Firma Blooms of Bressingham), sie ist rosafarben und unterscheidet sich nicht wesentlich von vielen anderen rosafarbenen Prachtspieren, doch dafür bekam ich die vitalsten, höchsten Lupinen zu sehen, die mir je unter die Augen gekommen sind. Sie waren an einer Wand aufgereiht – ein Meer dicker, aufrechter Dolden mit roten, gelben, orangefarbenen erbsenförmigen Blüten. Und bei Hazeldene Nurseries gab es eine traumhafte Ausstellung von Hornveilchen und Stiefmütterchen. Besonders reizvoll war eine cremefarbene Viola mit ganz zarten grauen Streifen, die ›Viola Cream Lady‹. Als ich das Great Marquee gerade verlassen wollte, erkannte ich Rosie Atkins,

Redakteurin einer wunderschönen neuen Zeitschrift namens *Gardens Illustrated* (ich erkannte sie nach dem Photo im Editorial), und weil ich so hungrig nach einem Gespräch war, sagte ich ihr, wie gut mir ihre Zeitschrift gefiele (was auch stimmt), erzählte ihr aber nicht, daß es in Amerika keine vergleichbar gute Gartenzeitschrift gibt, daß wir an gute Gartenmagazine allenfalls mit *Fine Gardening* herankommen – aber wer würde nicht mit Vorbehalten und Argwohn eine Zeitschrift in die Hand nehmen, die allen Ernstes das Wort ›fine‹ im Titel führt?

Vor dem Zelt gab es Gartengeräte und Gartenmöbel – und die Schaugärten. In einem, dem »Wildblumen- und Küstengarten« (er gewann in jenem Jahr das Fiskar's Sword of Excellence als bester Garten der Chelsea Flower Show), spielte Burdock oder die Große Klette eine maßgebliche Rolle, und ich freute mich schon auf den Tag, an dem ich in einem englischen Garten eine Burdockart entdecken und so sehr würde haben wollen, daß ich – wieder einmal – in Versuchung käme, etwas Verbotenes zu tun. In einem anderen Schaugarten sah ich die Rose ›Rambling Rector‹ in voller Blüte und bedauerte erneut, daß wir in Amerika keinen Peter Beale haben, denn er verkauft richtige Rosen, unter anderem eben auch diese Ramblerrose, die in dem Klima, in dem ich lebe, keine Überlebenschance hätte. Auch sein Buch über Rosen ist großartig und ausgesprochen hilfreich. Es war ein schöner Nachmittag geworden, und ich hätte mich vielleicht weitergekämpft, wenn ich nicht ein Erlebnis gehabt hätte, das mich in mein Hotel trieb, wo ich mich erst einmal erholen mußte. Zum hundertfünfzigsten Geburtstag von Gertrude Jekyll hatte die Zeitschrift *Country Living* einen

Garten gesponsert, einen Garten voller Blumen, die sie geliebt hatte, und mehr oder weniger in der Anordnung, die aus Sicht der *Country-Living*-Leute ihre Billigung gefunden hätte. Dagegen war nichts einzuwenden, nur hatten sie als Darstellerin der Jekyll eine Schauspielerin engagiert, die, in ein edwardianisches Kostüm gesteckt, kläglich und kleinlich wirkte, als hätte man sie gerade feucht und verschimmelt aus einer Zeitkapsel gezogen, und ganz und gar nicht wie die große Künstlerin, die große Exzentrikerin, der es immer gelungen war, sich den neugierigen Blicken ihrer Mitmenschen zu entziehen. Als ich ein paar Tage später in Godalming, Surrey, Munstead Wood besichtigte, das Haus, das Edwin Lutyens für sie gebaut hatte, und in ihrem Schlafzimmer stand, begriff ich erneut, wie mißlungen jene klägliche Darstellung gewesen war. Alles an diesem Haus mit seinen großen Zimmern, der breiten Eingangshalle, dem sorgfältig ausgewählten hellen Holz für die Treppen und Balken, dem herrlichen Blick aus den Fenstern auf das Wäldchen, die Rhododendren und Azaleen und Wege und Blumenbeete, sprach von Sinnlichkeit und Leidenschaft und Großzügigkeit.

Ehe ich am nächsten Morgen wieder nach Chelsea fuhr, las ich Zeitung, und nachdem ich mich von den äußerst unerfreulichen Ansichten eines gewissen Peregrine Worsthorne abgewandt hatte – der Name klingt wie ein altmodisches Abführmittel für Kinder, das aus einer heute nur noch in Apothekergärten angebauten Pflanze zubereitet wird –, stieß ich auf einen Artikel über die Betreuerin der nationalen Pelargoniensammlung. Sie regte sich darüber auf, daß die meisten Leute (zu denen bis vor kurzem auch ich gehörte) nicht wissen, daß Pelargonien und Geranien nicht dasselbe sind oder – primitiv ausgedrückt – daß man Geranien draußen lassen kann, während die Pelargonien mit ihren duftenden Blättern, die man in Balkonkästen setzt und die schwarz werden, wenn der erste Frost zuschlägt, im Winter ins Haus gehören. Vor dem Krieg, schrieb sie (welcher Krieg gemeint war, schrieb sie nicht, die Briten waren in so viele Kriege verwickelt, aber es ist ein kleines Land, da dürfte »den Krieg« jeder einordnen können), hätte niemand eine Pelargonie Geranie genannt, aber als die Gärtner eingezogen worden seien, sei der Unterschied in Vergessenheit geraten. Natürlich ging mir das den ganzen Tag nicht aus dem Kopf. Wenn die Welt der Pflanzenunterscheidungen in Scherben fiel, als die Gärtner eingezogen wurden – was mochte sonst noch alles in Scherben gefallen sein? Und was hatte diese Frau in Wirklichkeit sagen wollen? Daß es besser gewesen wäre, wenn die Welt – zumal die der Gärtner – geblieben wäre, wie sie war? Und dann legte sich meine Sehnsucht nach den Kindern etwas, weil sie immer denken, es wäre meine Schuld, wenn etwas nicht klappt. Aber Mütter und Gärtner kann man wohl nicht ohne weiteres vergleichen.

An jenem Tag sah ich auf dem Stand von Hopley's Plants noch ein wunderschönes Arrangement von *Verbascum* ›Helen Johnson‹ und las später in ihrem Katalog, daß sie 1991 diese Pflanze als erste eingeführt haben. Barbara Barker, die die Gärtnerei zusammen mit ihrem Mann leitet, ist eine sehr nette Frau, die mich in meiner Begeisterung bestärkte, und ich meinte ihre beruhigende Stimme zu hören, als ich im Katalog las: «Wir möchten uns bei allen bedanken, die uns im Lauf der Jahre Pflanzenmaterial überlassen haben. Besitzen Sie vielleicht eine Pflanze, die wir Ihrer Meinung nach ziehen sollten? Wir sind gern bereit zu tauschen.« Auch diesen Tag unter Gärtnern habe ich sehr genossen, unter Gärtnern, mußte ich immer wieder denken, die Nachfolger derer waren, die nolens volens in den Krieg gezogen waren, sich aber mit der neuen Welt nicht hatten arrangieren können, nachdem die alte Ordnung nicht mehr funktionierte. Denn morgens hatte ich in einer anderen Zeitung auch den Artikel des Herausgebers gelesen, der unheimlich stolz auf sich war, weil er die Frage aufgeworfen hatte, ob man die Monarchie abschaffen solle oder nicht, und ich hatte bei mir gedacht: Männer in seiner Position haben einmal mitgeholfen, die Welt zu regieren, haben schon mit dem schlichten Umblättern einer Seite dafür gesorgt, daß Millionen von Menschen wie mir der Kopf schwirrte – und jetzt kann er sich nur noch spreizen, weil er den Mut hatte, eine lächerliche Frage zu stellen. Als abends ein Freund anrief und mir zum Geburtstag gratulierte (ich war vierundvierzig geworden), erzählte ich ihm das alles, und er sagte, er habe einmal beim Flug über England hinuntergesehen und sich gedacht, Gott, das sieht aus wie der älteste Koffer der Welt. Welche architektonische oder natürliche Besonderheit der Landschaft ihn auf diese Idee gebracht hatte, sagte er nicht.

Kein Amerikaner sollte nach England reisen, ohne Thomas Jefferson zu lesen. Wenn ich an meine beiden Lieblingsbeschäftigungen denke – Geschichte und Garten beziehungsweise Botanik –, ist es mir fast unmöglich, nicht auch an ihn zu denken, und als ich in England zu

Besuch war, wollte ich einen Garten besichtigen, in dem er gewesen war. Als er und John Adams sich 1786 in England aufhielten, um ein Wirtschaftsabkommen auszuhandeln, besichtigten sie auf einer Gartenreise unter anderem auch Painshill Park. Das erfuhr ich von Eleanor McPeck, einer Gartenhistorikerin, die in Radcliffe Landschaftsgestaltung unterrichtet. Von allen Gärten, die Jefferson in England sah, habe ihm Painshill Park in Cobham, Surrey, am besten gefallen, sagte sie. (Es klang nett, wenn sie im Gespräch über Thomas Jefferson sagte ›Jefferson hat dies getan‹ und ›Jefferson war so und so‹, wenn sie über ihn sprach – nicht plump vertraulich, sondern in dem Bewußtsein, daß sie und er als Bürger gewissermaßen auf einer Stufe standen). Ich bin sicher, es stimmt, daß Jefferson Painshill Park sehr schön fand; aus seinen Aufzeichnungen geht das allerdings nicht so deutlich hervor.

In seinem Tagebuch heißt es:

»Painshill – dreihundertdreiundzwanzig Morgen, Garten und Park in einem. Gut beschrieben von Whately. Grotte soll siebentausend Pfund gekostet haben. Laut Whately ist eine der Brücken aus Stein, jetzt aber sind beide aus Holz, die untere ist sechzig Fuß hoch. Es gibt zu viele Nadelbäume. Das Wohnhaus, von Hopkins erbaut, schlecht gelegen: Er war seit fünf Jahren nicht mehr dort. Lebte vier Jahre dort, während das derzeitige Haus gebaut wurde. Es ist unvollendet, Architektur fehlerhaft. Ein dorischer Tempel, sehr schön.

Was Thomas Jefferson damals sah, war die englische Landschaft in ihrer schönsten, manipuliertesten, kunstvollsten, überzeugendsten Form; was für ein Ärger, welche Enttäuschung, wenn die eigentliche Natur nicht so aussieht! In Painshill gab es einen Weinberg mit Trauben, aus denen Wein gekeltert wurde, einen künstlichen See, eine gotische Ruine, ein Mausoleum, ein türkisches Zelt, eine Grotte, einen Bacchustempel. Ehe ein Höfling namens Charles Hamilton 1738 dieser Landschaft seine Ordnung aufzwang, gab es dort nur Gestrüpp. Nach Hamilton wechselten die Besitzer ständig, ging das Anwesen von Hand zu Hand; im Zweiten Weltkrieg verwahrloste der Garten immer mehr, und die Natur holte sich ihr Recht zurück. Bis vor zwölf Jahren eine Stiftung sich Painshill Parks annahm, war dort wieder alles zur Wildnis geworden. Weil die Anlage eines Gartens ein so gewaltiger Willensakt ist, der – wenn er gelingt – genau die Art von Schönheit schafft, die seinem Schöpfer vorschwebt, bedeutet der Tod des Gärtners oder dessen Rückzug auch den Tod des Gartens. Im Grunde ist ein Garten ein denkbar nutzloses, denkbar vergängliches Werk, anders als ein Gemälde oder eine Skulptur, die im Lauf der Zeit immer mehr an Wert gewinnen. Die Zeit ist der Feind des Gartens, die verrinnende Zeit ist der Countdown für den Abschied, den Garten und Gärtner voneinander nehmen müssen.

Als ich Painshill besuchte, wurde der Garten gerade restauriert. Eigentlich eine gute Sache, die aber auch etwas Trauriges an sich hat. Die Restaurateure sprachen von Painshill wie von einem nationalen Erbe, und ich dachte, daß im Lauf der Zeit etwas Wesentliches verlorengegangen war, nämlich der Sinn dafür, daß Painshill kein Nationalpark war, sondern ein Stück Land, das ein Mann aus unbekannten Seelenregungen heraus in eine bestimmte Ordnung gebracht hatte. Ich traf eine nicht besonders originelle Feststellung, nicht unähnlich der meines Freundes, der England als alten Koffer bezeichnet hatte: Daß ich mich in einem Land befand, dessen Bewohner (sie nennen sich Untertanen, nicht Bürger) es nicht verstehen, in der Gegenwart zu leben und sich ein Leben in Zukunft nicht vorstellen können; sie können nur in der Vergangenheit leben, denn die Vergangenheit hatte eindeutige, positive Folgen. Unterworfene Natur ist Teil dieser Weltsicht, die nur das Schöne sieht.

Am Nachmittag desselben Tages besuchte ich Munstead Wood. Die Frau, die jetzt dort lebt (sie stellte sich als Lady Clark vor, kindischerweise habe ich die ganze Zeit krampfhaft vermieden, sie direkt anzusprechen) hat hinter Jekylls früherem Nußwäldchen einen Swimmingpool anlegen lassen. Sie hat deshalb viel Kritik einstekken müssen – aber warum sollte sie gezwungen sein, in einem Gertrude-Jekyll-Museum zu leben?

So etwas ähnliches, ein Museum der Gartengeschichte, gibt es in London tatsächlich, in einer alten Kirche in Lambeth, und auf dem Kirchhof liegen die Tradescants (nach denen die *Tradescantia*, die Dreimasterblume, benannt ist) begraben, John der Ältere und John der Jüngere. Der Ältere war der erste richtige Gärtner, der in England eine bekannte Persönlichkeit wurde, und der Jüngere war nach Virginia gereist, um Pflanzen nach England zu bringen. Ich wollte mir ihr Grab ansehen, ohne einen bestimmten Grund, einfach aus Neugier, aber ihr Grab führte mich weiter zu anderen interessanten Dingen. Die Tradescants, Vater und Sohn, sind zusammen beerdigt, und in dem Grab daneben liegen Captain William Bligh, seine Frau, seine Zwillingssöhne und ein Enkel. Die Mitte des Friedhofs bildet ein kleiner Knotengarten aus Zwergbuchs, es war der einzige Knotengarten, den ich je gesehen habe, der nicht zum Verzweifeln war. In der Museumsbuchhandlung fand ich eine Biographie der Tradescants, in der die Autorin (Prudence Leith Ross) Francis Bacon mit dem Ausspruch zitiert: »Nichts ist dem Auge wohlgefälliger als stets sorgsam geschnittenes grünes Gras«, und ich dachte bei mir, daß so etwas nur jemand sagen kann, der noch nie selbst Rasen gemäht hat. Die Ausstellung im Museum war Gertrude Jekyll gewidmet und auch wieder der Tatsache, daß es sehr lange her ist, als sie geboren wurde. Es wurden die üblichen Stücke gezeigt – ihre Gartengeräte, Briefe, Familienphotos und so weiter, aber mich interessierten eigentlich nur zwei Dinge. Das eine waren Gertrude Jekylls Gartenstiefel. Jeder, der schon einmal auf die in Gartenkatalogen angepriesenen, elend unbequemen Clogs oder Gummistiefel hereingefallen ist, sollte sich diese festen, vernünftigen und offenbar bequemen Lederstiefel ansehen, die mit Eisen beschlagen waren, damit sie länger hielten. Sie sahen aus wie ein geliebtes Zuhause. Das zweite war ein Exemplar des Buches mit den Liedern, die ihr Bruder Walter zum Lob der Eingeborenen von Jamaika geschrieben hat. Er mochte die Schwarzen nicht, deshalb fühlte er sich verpflichtet, unter ihnen zu leben. Auf manche Menschen wirkt ein ständiger Zustand der Irritation wie Sauerstoff; dafür habe ich großes Verständnis.

Als ich nach Hause kam, waren meine Stiefmütterchen kurz davor, Selbstmord zu begehen, sie mußten schleunigst ausgeputzt werden. Mit Freude und Trauer zugleich sah ich den längsten Tag des Jahres kommen und gehen.

Benennen heisst besitzen

Wie man zu Gärten und zu dem, was darin wächst – Blumen, Gemüse – steht und darüber denkt, hängt sicherlich von der Herkunft ab, und damit meine ich nicht die unterschiedlichen Ansichten eines Spaniers oder eines Engländers, sondern einen Unterschied, wie er hier beschrieben wird:

> *Alles, was man zu dem kleinen Fest benötigte, war auf dem Rasen eines alten englischen Landsitzes ausgebreitet, zu einem Zeitpunkt, den ich als die vollkommene Mitte eines herrlichen Sommernachmittags bezeichnen möchte. Ein Teil des Nachmittags war schon hingegangen, aber viel war noch geblieben, und was blieb, war von feinster und erlesenster Qualität. Es mochten noch einige Stunden vergehen bis zur Abenddämmerung, doch die Flut des Sonnenlichts begann schon zu verebben, die Luft wurde voll und mild, lange Schatten legten sich über den glatten dichten Rasen.*
>
> *Die hohen, ruhigen Eichen und Buchen warfen Schatten, so dicht wie ein Samtvorhang. Der Platz war wie ein Zimmer ausgestattet, mit kissenbelegten Sesseln, buntfarbigen Matten, mit Büchern und Zeitungen, die auf dem Rasen verstreut lagen.*

Oder hier:

> *Die Auffahrt, glatt und ohne ein einziges Steinchen, verlief zwischen kräftig-gedrungenen Koniferen auf der einen und einer Lohe scharlachrot und bernsteinfarben*

glühender Canna auf der andere Seite. Solche Blumen gehörten zu den großen Städten, ich war ihnen in meinem Lesebuch begegnet und in den Gärten von Ben und Bettys Onkel in der Stadt. Nachdem ich sie nun dank der Güte meiner Babamukuru mit eigenen Augen gesehen hatte, konnte auch ich mir vorstellen, daß es vergnüglichere Gründe dafür gab, etwas anzupflanzen als die Mühsal, sich am Leben zu erhalten. Ich nahm mir vor, Maiguru um ein paar Blumenzwiebeln zu bitten und ein Beet mit den fröhlichen Lilien auf der Homestead anzulegen. Vor dem Haus. Unserem Heim würde eine Aufmunterung durch diese schönen Blumen gut bekommen. Lustig leuchtend standen sie da, gepflanzt, damit man sich an ihnen vergnüge. Was für ein erstaunlicher Gedanke! Es war eine Befreiung, die erste von vielen, die mein Wechsel in die Mission mit sich brachte.

Das erste Zitat ist Henry James' Roman *Bildnis einer Dame* entnommen und steht in einem Buch mit dem Titel *Pleasures of the Garden: Images from the Metropolitan Museum of Art* von Mac Griswold unter einer Abbildung des Gemäldes von Pierre Bonnard, *Die Terrasse von Vernon*. Das Bild ist reich, überreich an Farben (eine Fülle, Überfülle von Rot-, Orange-, Gelb-, Blau- und Grüntönen), reich an Materiellem, reich an Gaben der Erde. Und so einen Text mit dem »kleinen Fest«, seinen üppigen Formulierungen wie »herrlicher Sommernachmittag« und »Flut des Sonnenlichts« konnte nur jemand schreiben, in dessen Umfeld der Reichtum der Welt einer Haut gleicht, ein gewachsener Teil des Körpers ist, ein selbstverständliches Recht wie das, zwei Hände mit jeweils fünf Fingern zu haben.

Das zweite Zitat aber hat eine ganz unmittelbare Bedeutung für mich, besonders diese Stelle: »Lustig leuchtend standen sie da, gepflanzt, damit man sich an ihnen vergnüge. Was für ein erstaunlicher Gedanke.« Diese Sätze stammen aus dem Roman *Der Preis der Freiheit* einer Frau aus Zimbabwe, die Tsitsi Dangarembga heißt, und ich vermute, daß es eine Geschichte vom Erwachsenwerden ist, (wie denn die meisten Menschen, die aus fernen Teilen der Erde kommen und Bücher schreiben, irgendwann über ihre Kindheit schreiben – ich glaube hier an eine Koinzidenz), aber der Roman ist auch eine Schilderung fremder und einheimischer Brutalität. Das, was man zum Anlegen eines Gartens braucht, ist da – ein Stück Land, eine Hacke, Samen –, aber es führt nicht zu kleinen Festen, es führt zu nichts oder es führt zu Arbeit – und zwar nicht zu Arbeit als einem Akt der Selbstbestimmung, der Selbstbestätigung, sondern zu Arbeit als Qual, als Hölle. Und so ist es durchaus angemessen, daß die junge Erzählerin – sie heißt Tambu – den Anblick von Pflanzen, die nur wachsen, um Vergnügen zu bereiten, als Befreiung empfindet.

Und welche Beziehung besteht zwischen dem Gärtnern und der Eroberung? Ist der Eroberer ein Gärtner und der Eroberte derjenige, der auf dem Feld arbeitet? Das Klima im südlichen Afrika begünstigt nicht erst seit gestern blühende Kräuter, es ist durchaus möglich, (eher wahrscheinlich), daß die Vorfahren dieser Tambu auf solche Pflanzen aufmerksam wurden und sie anbauten – nicht nur ihrer Heilkraft wegen, sondern auch, weil sie sich daran erfreuten, sie anzusehen in ihrer Lieblichkeit, wenn der Nachmittag sich neigte, das Licht verebbte. Wann genau ging diese Idee verloren? Wann genau wird eine so normale, so alltägliche Schönheit zum Luxus?

Als der spanische Marodeur Hernando Cortez mit seinem Heer in Mexiko einfiel, sahen sie »schwimmende Gärten … von Blumen und Gemüse überquellend, die sich wie Flöße über die Fluten bewegten«; als sie zum erstenmal in das Tal von Mexiko hinunterblickten, lag »ein malerisches Ensemble aus Wasser, Wald und bebauten Ebenen, strahlenden Städten und dunklen Hügeln wie ein heiter-prächtiges Panorama vor ihnen hingebreitet« und »zu ihren Füßen lagen ausgedehnte stolze Eichen-, Platanen- und Zedernwälder, dahinter gelbe Maisfelder und die hochragenden Agaven, dazwischen Obst- und Blumengärten«. Es gab »Blumen, die mit ihren auffällig bunten Farben die größte Attraktion unserer Gewächshäuser sind« und »umfangreiche Gärten … voll duftender Sträucher und Blumen und besonders Heilpflanzen. Kein Land hat zahlreichere Arten der Letzteren aufzuweisen … und die Azteken wußten sehr wohl, welche Vorteile sie aus ihnen ziehen konnten, ja, man kann wohl sagen, daß sie medizinische Botanik als Wissenschaft betrieben.« (All das ist dem Buch *Die Eroberung Mexikos* von William H. Prescott entnommen, der besten Geschichte einer Eroberung, die ich je gelesen habe). Höchstwahrscheinlich war den meisten – seelisch gebrochenen – Bewohnern Mexikos diese eigentümliche Vorstellung, etwas aus schierer zweckfreier Lust anzubauen, im Laufe einer Generation abhanden gekommen.

Wäre nach der Eroberung eine Aztekin in ein Geschäft gegangen und hätte gesagt: »Mein Mann hat Geburtstag, ich würde ihm gerne Blumen schenken. Bitte geben Sie mir einen Strauß cocoxochitl!«, hätte niemand ihr diesen Wunsch erfüllen können, denn die Blumen hießen nicht mehr cocoxochitl, sondern Dahlie. In ihrem Herkunftsland (Mexiko, Mittelamerika) gab es keine Dahlienmanie, keine Dahliengesellschaften, keine eßtellergroßen Dahlien, keine Päonien-, Anemonen-, Kugel-, Seerosen-, und Pompondahlien. Offenbar wurde die Blume um ihrer selbst willen angebaut, wegen ihrer heilsamen Wirkung bei Harnleiterbeschwerden (cocoxochitl heißt ›Wasserleitung‹) und als Viehfutter. Gewiß, auch damals freuten sich die Menschen an ihrer Schönheit, aber es gibt dort noch so viele andere Blumen und Sträucher und Bäume und Kletterpflanzen in so hinreißenden Formen und Farben, daß die Dahlie keine Ausnahmestellung innehatte und die Menschen dort zu keiner einzigen Straftat verleitete.

Wann genau wird uns der Keim des Besitzenwollens ins Herz gelegt? Als ein anderer spanischer Marodeur, Vasco Núñez de Balboa, in Sichtweite des Pazifiks war, hieß er seine Armee zurückbleiben, um als erster Mensch seiner Art (als erster Europäer) dieses Weltmeer erblikken zu können. Hätte man es mitnehmen und in ein anderes Land (nach Spanien, Portugal, England) verbringen können, hätte es den Menschen, zu deren geistigem Inventar es gehörte, vermutlich gefehlt, ohne daß sie gewußt hätten, was ihnen fehlte. Und nun die Dahlie: Wer sah sie zuerst und begehrte sie so sehr, daß man sie von dort wegholte, wo es sie seit jeher gegeben hatte, sie veränderte und umbenannte? Hernando Cortez dürfte keine Notiz von ihr genommen haben, für ihn dürfte die Dahlie eines der Details, eine unbedeutende Einzelheit von etwas Großem und Düsterem gewesen sein: der Eroberung. Die Dahlie ging nach Europa. Sie wurde von dem schwedischen Botaniker Andreas Dahl weitergezüchtet, dem sie ihren neuen Namen verdankt.

In einem Garten hoch in den Bergen über Kingston (Jamaika) sah ich einmal von weitem eine Masse hoher rotflammender Stengel, irgend etwas Blühendes. Es kam mir bekannt vor, allerdings erinnerte es mich an eine Blume, die ich nicht ausstehen kann, während mir bei dem, was ich dort sah, sofort das Herz aufging, so daß ich mich zum hunderttausendsten Mal darüber freute, daß ich von den Westindischen Inseln stamme. (Gegen den nichtswürdigen Drang, sich selbst zu erhöhen, weil der Ort, aus dem man stammt, so viel Schönes zu bieten hat, kommt man schwer an – so schwer, daß Menschen, die aus einer denkbar häßlichen Gegend kommen, deren Häßlichkeit abstreiten oder sich einfach anderer Leute Schönheiten zu eigen machen). Die rotflammenden Stengel entpuppten sich als Salvien, aber das wußte ich nur, weil ich sie – in viel kürzerer Form – aus nordamerikanischen Gärten kannte, und mir wurde klar, daß ich Salvien im Norden nicht ausstehen kann, denn die dortigen kleinwüchsigen Pflanzen sind diesem Rot nicht gewachsen.

Dort, wo ich herkomme (Antigua), kenne ich mich mit den Pflanzennamen nicht aus. Ich kann den Hibiskus identifizieren, aber ich könnte nicht sagen, wie die weiße Lilie heißt, die im Juli blüht, ihre Blüten in der Nacht öffnet, einen fast unerträglich süßen Duft verströmt und sich im Morgengrauen schließt.

Ein Strauch, der bei uns Whitehead Bush hieß, war ein wichtiger Bestandteil des Tranks, den meine Mutter und ihre Freundinnen für ihre Abtreibungen brauten, aber seinen botanischen Namen kenne ich nicht. Ich wurde oft losgeschickt, um von diesem Strauch Zweige zu schneiden und dann zu bündeln und damit unseren Hof zu fegen. Die Abtreibungen und das Fegen des Hofs – Tiefgründiges und Belangloses – fällt an einem Ort wie Antigua gleichermaßen unter die Rubrik Hauswirtschaft. Den Garten in Kingston hatte ich besucht, weil ich die Namen bestimmter Blumen von den Westindischen Inseln kennenlernen wollte, aber außer den Salvien gab es dort nur noch Rosen und eine einzige blutarme gelbe Lupine (was ich erstaunlich fand, denn die Lupine ist eine Pflanze der gemäßigten Zone, und ich hatte sie noch vor kurzem in einer finnischen Stadt am Straßenrand blühen sehen).

Daß ich botanisch so gut wie nichts über das Land weiß, aus dem ich stamme (und dem ich angehöre), spiegelt im Grunde nur die Tatsache wider, daß ich, als ich dort lebte, der Klasse der Eroberten in einem eroberten Land angehörte. Grundsätzlich gilt für diesen Zustand, daß man völlig uninteressant ist, es sei denn, irgend etwas an einem fände das Interesse der Eroberer. Zum Beispiel gab es nicht weit von unserem Haus einen Botanischen Garten mit Pflanzen aus den verschiedensten Gebieten des damaligen Empire, in denen das gleiche Klima herrschte wie in meinem Land, aber wenn ich mich recht erinnere, war ursprünglich keine dieser Pflanzen auf Antigua heimisch. Der Gummibaum aus Malaysia (oder von irgendwo dort) ist mir in Erinnerung geblieben, weil wir uns in dem Jahr, als mein Vater und ich zur gleichen Zeit krank waren (er hatte es am Herzen, ich hatte Hakenwürmer) nach dem Mittagessen unter diesen Baum setzten und er mir von seinen Eltern erzählte, die ihn sich selbst überlassen hatten und ausgezogen waren, um den Panamakanal zu bauen (wobei er das Brutale dieser Verhaltensweise natürlich kaschierte). Der Bambushain ist mir unvergeßlich, weil ich mich dort mit Menschen traf, in die ich verliebt war. Der Botanische Garten brachte mir besonders deutlich zu Bewußtsein, wie mächtig diejenigen waren, die mich erobert hatten: Sie hatten die Macht, die Pflanzenwelt der von ihnen beherrschten Welt hierher zu bringen. Es würde mich nicht wundern, wenn es in Malaysia (oder irgendwo sonst) einen Botanischen Garten ohne einheimische Pflanzen gäbe.

Erst vor kurzem begriff ich mit einer gewissen Bitterkeit, daß ich nur deshalb in meinem Garten, einem Blumengarten, war, weil ich ihn hatte haben wollen, einen Garten, von dem ich wußte, wie er aussehen sollte und in dem ich von jeder Pflanze den botanischen wie auch den Volksnamen kannte. Da, wo ich herkomme, hätte ich mich schämen müssen: Eine Frau, schmutzbedeckt, nach Dung riechend, weißen Staub im Haar (Gartenkalk), der Körper ein Hexenkessel von Gerüchen (die ihr selbst nicht unangenehm sind), der Rücken vom vielen Bücken schmerzverzogen. Dort, wo ich herkomme, hätte ich einem Mann, der ausgesehen hätte wie diese Frau, nicht erlaubt, mich zu küssen.

Man kann verstehen, daß ein Mann wie Andreas Dahl nichts dagegen hatte, als Namensgeber herzuhalten, denn er lebte im achtzehnten Jahrhundert, und die Ehre wurde ihm durch einen König zuteil (einen Karl von Spanien, der durchaus die Blume auch nach sich selbst oder einem nahen Verwandten oder einem der vielen Gefolgsleute in seinen Diensten hätte nennen können). Andreas Dahl war mit dem Vergeben von Namen wohlvertraut, denn er war Schüler von Carlolus Linnaeus. Dieser Carlolus Linnaeus war Arzt und Botaniker, eine sinnvolle Verbindung, denn die Medizin war damals in jenem Teil der Welt – wie auch anderswo – hauptsächlich auf Pflanzen angewiesen. Er war von Schweden (dort war er geboren) nach Holland gegangen, um zu promovieren, und dort erarbeitete er, als Leibarzt in den Diensten eines reichen Mannes, seine binäre Nomenklatur der Pflanzen. Der reiche Mann, ein gewisser George Clifford, besaß vier Gewächshäuser mit Pflanzen, die ursprünglich weder in Holland noch sonst irgendwo in Europa heimisch gewesen waren, Pflanzen, die aus den jüngst eroberten Ländern kamen. Im *Oxford Companion to Gardens* (ein Buch, das ich oft am liebsten an die Wand schleudern würde, weil es so voller Vorurteile ist), heißt es, Linnaeus sei beim Anblick all dieser Pflanzen aus fernen Ländern »entzückt« gewesen, weil es in seiner Heimat Schweden nichts Vergleichbares gab, aber höchstwahrscheinlich war es so, daß er hier eine Chance witterte: In den europäischen Länder war die Pflanzenwelt mehr oder weniger identisch, doch jedes Land hatte für die gleichen Pflanzen unterschiedliche Bezeichnungen, und die Europäer waren so streitsüchtig, daß sie sich nie auf ein gemeinsames System für diese Pflanzen geeinigt hätten; doch diese neuen Pflanzen aus fernen Ländern hatten – genau wie die Menschen aus fernen Ländern – weder eine Geschichte noch einen Namen, deshalb konnte man sie benennen. Und wer hätte Linnaeus widersprechen können – immer vorausgesetzt, es wäre überhaupt jemand dagewesen, der ihm zugehört hätte?

Das Benennen ist so maßgeblich für das Besitzen – ein geistiges Vorhängeschloß mit einem unwiederbringlich weggeworfenen Schlüssel –, daß es einem Mord, einer Auslöschung gleichkommt, und es ist nicht verwunderlich, daß fast der erste Befreiungsschlag von Völkern oder Menschen, die dergleichen (eine Eroberung) erlitten haben, darin besteht, ihre Namen zu ändern (aus Rhodesien wurde Zimbabwe, aus LeRoi wurde Amiri Baraka). Auch wenn sich durch neue Namen an dem großen Elend und den weit selteneren Freuden des Daseins nichts ändert, wird sich dieser Drang, in die Vergangenheit zurückzugehen, Verlorenes einzufordern, nach Möglichkeit so zu tun, als sei Geschehenes nie gewesen, niemals zügeln lassen.

Als ich anfing, diesen Text zu schreiben, saß ich an einem Fenster, das auf meinen Garten hinausging, einen neuen Garten (ich war gerade erst eingezogen), und mein Blick verweilte zunächst im tiefen Schatten, wo ich Prachtspieren und Funkien und kriechenden Hahnenfuß, *Ranunculus repens,* gepflanzt hatte, und ich dachte, wie schön das Laub der Prachtspieren mit dem der Ranunkeln harmonierte und freute mich darüber, denn wenn man verschiedene Pflanzen zusammensetzt, weiß man erst dann, wie sie zueinander passen, wenn sich bei ihnen irgend etwas regt, oder wenn sie blühen. (Ich werde erst in zwei oder drei Jahren wissen, ob die Clematis wirklich an den Rosenbüschen hochranken und mit ihnen zusammen blühen und ob das dann so aussehen wird, wie ich es mir vorgestellt habe). Zur Zeit ergänzen sich die Blätter im Schattenbeet wunderbar (was ich nicht hatte voraussehen können und nicht erwartet hatte und was ich überaus spannend fand). Und ich dachte mir, daß ich eine Grenze überschritten hatte – aber auf wessen Kosten? Ich mag nicht darüber nachdenken, denn wenn es nun jemand wäre, den ich kenne? Ich gehöre jetzt zur Klasse der Eroberer: Wer sonst könnte sich diesen Garten leisten, einen Garten, in dem ich Dinge anbaue, die ich weit billiger im Geschäft kaufen könnte?

Meine Füße stehen gleichsam in zwei Welten, dachte ich, als ich meinen Blick weiterwandern ließ und hinter dem Kürbisbeet einen Fuchs aus der Hecke auftauchen sah, an der gleichen Stelle, wo ich die Karnickel hatte auftauchen sehen und eine böswillige Familie von Erdhörnchen (die nicht den Salat oder die Bohnen fressen oder sonst etwas Voraussehbares, sondern die zarten jungen Triebe und Ranken der Kletterkürbisse). Der Fuchs schnürte quer durch den Garten und verschwand hinter dem Schuppen, ich sah ihn ganz deutlich, das scharfkantige Gesicht mit den schmalen Wangen, den Körper, bespannt mit einem Gewebe aus dichtem grausilbernem Fell über einem straffen Gerüst aus Muskeln und Knochen, dem schönen Pelz der Rute. Er verschwand in der Hecke und dem Feld gegenüber; auch er sah aus wie ein Marodeur, der auf der Suche nach Beute an der Hecke und dem Feld entlangstrich. Als ich in jener Nacht im

Bett lag, hörte ich von jenseits der Hecke, aus der er aufgetaucht war, Laute schrecklicher Todesqual; er hatte wohl seine Beute gefunden; doch der Fuchs ist Natur, und in der Natur entspricht dies dem Lauf der Dinge.

Ich bin nicht in der Natur. Ich sehe die Welt nicht hübsch möbliert wie ein Zimmer, mit Polstersesseln und farbenfreudigen Teppichen. Für mich hat die Welt einen Riß, ist un-heil, unrein, beliebig; und die Vorstellung, daß es Momente völlig grundloser Freude geben könnte, ist mir sehr fremd.

Monets Garten

Was wäre der Garten ohne die Bilder? Würde ich dort (in Claude Monets Garten) stehen und mir die grünen Bogen anschauen, an denen Spalierrosen (›American Pillar‹, ›Dainty Bess‹, ›Paul's Scarlet Rambler‹) und Clematis (›Montana Rubens‹) hochranken, die Beete mit Schlafmohn und Türkenmohn, den Streifen Bartiris (gerade abgeblüht), die dicken Tupfer der Pfingstrosen (knapp verblüht) und wieder Rosen, diesmal als Stämmchen gezogen, die genau so blühten wie auf den Bildern (auf denen das Wirkliche flimmert, als löste es sich von sich selbst, auf denen das Wirkliche einem so nah und gleichzeitig so fern erscheint)?

Es war Juni. Ich stand da und blickte auf den Nachtschatten ›Optical Illusions‹ (Monet hatte die Sorte *Solanum retonii* angepflanzt, aber auf einem Schildchen, das neben dieser Pflanze steckte, stand *Solanum* ›Optical Illusion‹) und auf die Stockrose ›Zebrina‹ (die prachtvoll blühte, schlicht und geradeaus, wie es ihre Art ist, die unkomplizierten malvenfarbenen Blütenblätter waren lila geädert – ein Lila, das von keinem Zweifel angekränkelt schien), ich betrachtete die Stockrose *rosea*, die erste Knospen hatte (mit dem verstohlenen Abgreifen von Samenkapseln war es also nichts), die gelbblühende Wiesenraute und wieder Mohn (diesmal aber Klatschmohn, *Papaver rhoeas*, der auf einem kleinen Areal neben den Rosenbögen stand, aber man kann sich nicht darauf verlassen, daß er da immer steht, denn Mohn sät sich aus, wo er will), ich blickte auf ein Rasenstück vor dem Hintergrund von Apfelbäumen, die streng an einem

Spalier aus grünem Draht und Buchenpfosten gezogen waren.

Und während ich all das betrachtete, hatte ich im Kopf, was auf Monets Bildern zu sehen war. Es war Juni, den Rasen voll blühender Narzissen und Schachbrettblumen hatte ich verpaßt, es sind Frühjahresblüher. Und das alles war nur der Hauptteil des Gartens ohne den Wassergarten, der berühmt ist für seine Seerosen, für den Blauregen, der sich über die japanische Brücke rankt, für die Hoschedé-Mädchen im Boot.

Und wäre der Wassergarten der gleiche ohne die Bilder? An dem Tag (den Tagen), als ich den Wassergarten sah, will sagen den Seerosenteich, standen die Hoschedé-Mädchen nicht in einem Boot, denn sie sind schon sehr lange tot, und wenn ich jeden Augenblick erwartete, sie würden im Boot stehend auftauchen, dann nur deshalb, weil der Teich mir so tief vertraut war wie die Bilder, flirrend (ein Wort für die Augen), rätselhaft (ein Wort fürs Gefühl oder für das, was man Gefühl nennt, wenn man vielerlei meint) und neu (ein Wort, mit dem wir etwas benennen, wofür wir noch keine Worte haben, gute oder schlechte, lobende oder ablehnende: »Das ist neu!«) – ja, tief vertraut, weil ich die Bilder kenne.

Aber als ich den Wassergarten dann sah (den wirklichen, den Monet selbst geschaffen hatte und der erst, als er – der Maler – nicht mehr da war, so daß es ihn nicht berührte, denn da war er schon lange tot, zu einer Erinnerung dessen geworden, was er geschaffen hat), war er wiederhergestellt und sah zweifelsfrei so aus wie damals, als Monet ihn geschaffen hatte: Eine kleine, von ihm gestaltete Wasserfläche, die sich aus einem natürlichen Zufluß, einem nahegelegenen Bach, speiste. An dem Tag, als ich den Teich sah, waren die Hoschedé-Mädchen (alle drei) nicht in jenem Boot, das so wirklich aussah, daß einem auch die Mädchen, wenn man sie auf dem bewußten Bild sah (*Das Boot in Giverny*), wie die personifizierte Wirklichkeit vorkamen. Die Hoschedé-Mädchen waren nicht da, nur eine Frau in einem Boot war da, die ein Sieb an einer langen Stange in der Hand hielt und Treibgut von der Wasserfläche schöpfte. Der Teich selbst (ich spreche noch immer von dem Tag, an dem ich ihn sah) war in Bewegung, Wasser floß hinein oder Wasser floß heraus, das konnte ich nicht richtig erkennen (und wollte es eigentlich auch nicht wissen). Die Seerosen lagen auf der Seite und streckten die Wurzeln in die Luft, aber ich arrangierte sie schnell wieder so, wie ich sie von den Bildern her kannte, im Wasser auf der Leinwand schwimmend, ohne daß ich hätte sagen können, wo sie anfingen und wo sie aufhörten. Auch der Blauregen, der über die japanische Brücke rankte, war mir ja tief vertraut, und es traf mich völlig unvorbereitet, daß der Stamm vermorscht und hohl war und wie entstellt aussah, denn das ist etwas, was man mit Monet wahrhaftig nicht assoziiert (selbst auf dem Bild, das er von Camille, seiner Frau vor Alice, gemalt hat, als sie tot war, sieht sie nicht entstellt aus, sondern einfach tot, als sei Totsein nur eine andere Daseinsform). Aber all diese Dinge zu sehen – den Blauregen, die japanische Brücke, die Seerosen, den Teich (besonders den Teich, denn hier sieht der Teich aus wie ein Bild) heißt, plötzlich in einem Strudel von Gefühlen zu versinken. Denn hier sieht man das Wirkliche, das real Greifbare – Seerose, Teich, japanische

Brücke – in seinem eigentlichen Umfeld, einer gestalteten Landschaft in Giverny, gestaltet von dem Gärtner Claude Monet. Und trotzdem sehe ich diese Szenen jetzt und hier, weil ich sie am Vortag in einem Museum gesehen hatte (dem Musée d'Orsay) und am Tag zuvor in einem anderen (dem Musée Marmottan) und an vielen Tagen und Nächten zuvor (im Bett liegend) in Büchern; und es waren die zuvor durch diese Medien (die Originale in den Museen, die Reproduktionen in den Büchern) gewonnenen Impressionen, die ihnen zu Leben und Bedeutung jenseits des Alltäglichen verhalfen.

Ein Garten stirbt mit seinem Besitzer, ein Garten stirbt mit dem Tod des Menschen, der ihn angelegt hat, das begriff ich an dem Tag, als ich in Sissinghurst unterwegs war, dem Garten, den Vita Sackville-West und ihr Mann Harold Nicolson angelegt haben, eine große (und lohnende) Leistung. Sissinghurst ist etwas Außerordentliches – es hat die unpersönliche Schönheit eines (kleinen) Parks, aber die einzelnen Abteilungen haben das Intime eines Gartens, den anzulegen man sich womöglich selbst zutrauen würde, wäre man denn in gleichem Maße kompetent. Um zu begreifen, wie ein Garten mit dem Gärtner stirbt, braucht man sich nur die Gärten von Monets Freund und Gönner Gustave Caillebotte anzusehen; den Garten, den er in Petit Gennevilliers angelegt hat, gibt es nicht mehr; der Garten in Yerres, wo er aufwuchs und den er auf einigen seiner Bilder festgehalten hat, ist weitgehend verwildert. Als ich die Potagerie sah, die er in dem Bild *Yerres, im Küchengarten: Gärtner beim Gießen* festgehalten hat, war dort ein verwahrlostes Unkrautdickicht; eine offenbar herrenlose Katze funkelte mich böse an; eine große Blechtonne stand an der Stelle, wo man einen barfüßigen Gärtner mit zwei Gießkannen erwartet hätte. Auch der Fluß Yerres präsentierte sich nicht mehr breit und tief, mit einem geheimnisvollen Schimmer (wie auf den Bildern *Kahnfahrer, sein Boot an Land ziehend*, *Am Ufer des Yerres* oder *Badende am Ufer des Yerres*), sondern schlängelte sich schmutzig-alltäglich dahin wie eine schale Erinnerung.

Also noch einmal: Würde der Garten in Giverny, in dem ich Anfang Juni stand, mir und all den anderen Besuchern, die dort herumliefen, so viel bedeuten, wenn es die Bilder nicht gäbe? Das Bild *Garten des Künstlers in Giverny* hängt in einem Museum in Connecticut, das Bild *Rosenbogen* in einem Museum in Arizona, das Bild *Die japanische Brücke* in einem Museum in Houston, die *Seerosen* sind überall. Der Anblick dieser Bilder – sei es im Museum, sei es als Reproduktionen in einem Buch – weckt in mir, der Gärtnerin, unweigerlich den Wunsch, den Ort zu sehen, wo sie entstanden sind, den Ort, an dem die Rosen an Bögen hochrankten, den Teich, in dem die Seerosen wuchsen, den langen breiten Weg (die sogenannte Grande Allée), der von der Haustür ausgehend den Garten zweiteilte, die Trauerweide, die japanische Brücke, die Gladiolen (die noch nicht blühten, als ich da war), die Päonien (die schon abgeblüht waren, als ich da war), die Dahlien (die noch nicht blühten, als ich da war).

Den Garten, wie Monet ihn angelegt hat, gibt es so nicht mehr; jener Garten ist gestorben, so wie Gärten sterben, wenn ihre Schöpfer, ihre Heger und Pfleger, nicht mehr da sind. Dennoch: Der Garten in Giverny, den Monet angelegt hat, lebt in den Bildern, und wer die

Bilder sieht (also eigentlich jeder), fragt sich unwillkürlich, wo sie entstanden sind, wie das, was die Bilder zeigen, in seiner pflanzen- und körperhaften Form in Wirklichkeit aussah. In unserer westlichen Geschichte kommt erst das Wort und dann das Bild; das Wort weckt den Wunsch nach einem Bild, das Wort ist nie genug für das eben Gesehene – das Bild!

Man hat den Garten, den Monet geschaffen hat, sich selbst wiedergeschenkt, hat ihn so restauriert, daß wir, wenn wir ihn jetzt anschauen, keine Diskrepanz bemerken, er ist genau so, wie wir ihn (aber wohl wegen der Bilder) in Erinnerung haben, genau so, wie er sein sollte. Als ich im Juni dort stand (neben vielen Paletten mit Leberbalsam-Setzlingen, die zum Auspflanzen auf ein Beet bereitstanden), verkündete ein Mann, der eine Kamera in der Hand hielt (und vor Selbstbewußtsein nur so strotzte): »Monet wußte genau, was er tat.« Ich habe ihm nicht gesagt, daß Menschen, die genau wissen, was sie tun, letztlich genau da landen, wo sie hingehören.

Auch das Haus in Giverny, in dem er (Monet) lebte, ist restauriert worden. Es ist zu besichtigen, es gibt Führungen durch Haus und Garten. Bei dem Rundgang durch die einzelnen Räume – das gelbe Speisezimmer, die blaue Küche, die Schlafzimmer mit den ordentlich gemachten Betten, den Salon mit Drucken von Landschaften und Menschen aus Japan – beschleunigte ich den Schritt, hatte es plötzlich eilig, als könnte jeden Augenblick der Besitzer (Monet oder wer auch immer) zurückkehren und mich dabei ertappen, wie ich meine Nase in sein Privatleben steckte, an einem Ort, an dem ich nichts zu suchen hatte.

Was Joseph Banks angerichtet hat

Jener Wesenszug der Engländer, der sie dazu treibt, zwanghaft ihre Landschaft zu ordnen und zu gestalten und zwar in einem Maße, daß sie (die englische Landschaft) einem Gemälde gleicht – gezähmt, gerahmt, gefangen, lieb, brav, anständig, ordentlich (im übrigen sieht ein Gemälde nie so aus wie die englische Landschaft, sofern es nicht ein sehr schlechtes Gemälde ist) – jener Wesenszug also, der zu obsessivem Ordnen und Gestalten der Landschaft führt, geht den Bewohnern von Antigua segensreicherweise ab. Ich ziehe diesen unfairen Vergleich (unfair für die Menschen auf Antigua? Unfair für die Engländer? Keine Ahnung, aber unfair auf jeden Fall) nur deshalb, weil die Menschen auf Antigua in ihrem Wesen so stark von den Engländern und – durch die Eroberung – vom englischen Erbe beeinflußt sind); als Beispiele fallen mir spontan die den Schwachen sofort in so reichem Maße zuteil gewordene Herablassung und Grausamkeit ein und ein Hang zu Klatsch und Tratsch (aus meiner Sicht einer der Gründe dafür, warum die Engländer so große Romanschriftsteller hervorgebracht haben, was sich allerdings noch nicht zum Vorteil der Menschen auf Antigua ausgewirkt hat).

Als die Engländer auf Antigua präsent waren, umgaben sie ihre Wohnstätten mit streng geschnittenen Hekken aus Plumbago, Kasuarinen, Frangipani und Hibiskus; ihre Rasenflächen waren grün (fast ein Wunder angesichts der Wasserknappheit) und immer frisch gemäht; es gab üppig berankte Rosenbögen, Beete mit Tagetes und Canna und Chrysanthemen. Normale Antiguaner (und damit meine ich die Nachkommen der afrikanischen Sklaven, die von den Europäern auf die Insel gebracht worden waren; es ist dies, wie ich immer wieder feststelle, ein nicht ungewöhnlicher Weg, Normalität zu erreichen), besaßen, sofern sie über etwas Geld verfügten und sich ein Haus mit mehr als einem Raum leisten konnten, Gärten, in denen nur Blumen wuchsen, was noch deutlicher machte, daß sie über etwas Geld verfügten, weil das Stück Land um ihre Häuser herum nicht nur dazu diente, ihre Familien satt zu machen, sondern auch ein Stück zweckfreie Schönheit darstellte. Ich denke speziell an eine Familie, die in einem Haus mit vielen Zimmern wohnte (vier Zimmern, um genau zu sein), sie hatten einen stets penibel geschnittenen Rasen und Blumenbeete, allerdings erinnere ich mich nur noch an Rosen und Tagetes, denn einmal mußte ich dort einen Rosenstrauß für den Geburtstag meiner Patentante holen, und diese Familie hatte in der Mitte ihres kleinen Rasens auch eine Kasuarine, der sie einen Pyramidenschnitt verpaßt hatten, so daß sie wie eine Tanne aussah, und zu Weihnachten wurde sie mit bunten Glühbirnen geschmückt (was mir so ungewöhnlich, so wundersam vorkam, daß ich immer, wenn ich um diese Zeit an dem Baum vorbeikam, um die Erlaubnis bat, stehenzubleiben und ihn eine Weile bestaunen zu dürfen). Zur Weihnachtszeit hieß die Kasuarine plötzlich Weihnachtsbaum, und eine Zeitlang, als meine Familie wohl über etwas Geld verfügte (es kann nicht viel gewesen sein), hatte ich meinen eigenen Weihnachtsbaum, einen einzigen spillrigen Kasuarinenzweig in einem Eimer Wasser in unserem sehr kleinen Haus – obschon niemand, weder in unserer

Familie noch mit ziemlicher Sicherheit in dem Haus mit dem illuminierten Kasuarinenbaum, die Weihnachtsbaumtradition kannte oder wußte, was es damit auf sich hatte.

Als diese Menschen (die Antiguaner) unter dem Einfluß jener anderen Menschen (der Engländer) lebten, gab es naturgemäß einige, die versuchten, ihre Beherrscher auch in der Landschaftsgestaltung nachzuahmen, und sie taten das, ohne sich zu fragen, was sie da trieben; man darf ihnen daraus keinen Vorwurf machen, so ist einfach der Lauf der Welt. Dann zogen die Engländer ab, und mit ihnen verschwand ihr Einfluß auf die Landschaftsgestaltung. Die Amerikaner kamen, aber Amerikaner haben kein Interesse daran, ihre Mitmenschen unmittelbar zu beeinflussen; Amerikaner verstehen instinktiv das kindliche Prinzip von Affe sieht, Affe tut, zugleich aber sind sie zerrissener, komplizierter als die Engländer. Bei den Amerikanern läuft es so: Die eine Hälfte befürwortet eine Untat ihrer Regierung und unterstützt sie nachdrücklich, die andere Hälfte hält überhaupt nichts davon und protestiert energisch dagegen. Die Untat erweist sich als Erfolg, und Protestler wie Befürworter freuen sich in schöner Einmütigkeit an dem, was sie ihnen gebracht hat. Diese Zweiteilung der großen Masse hat im Einzelfall etwas Erschreckendes. Thomas Jefferson, dritter Präsident der Vereinigten Staaten und ein großer Gärtner, besaß Sklaven und befürwortete nachdrücklich den Gedanken einer Ausweitung des amerikanischen Territoriums, was den Untergang der Menschen bedeutete, denen jene Territorien gehörten und die dort lebten. Gleichzeitig war er ein leidenschaftlicher Verfechter freiheitlicher Ideen, die von den Nachkommen der Sklaven und des besiegten und beraubten Volkes später zu deren Verteidigung genutzt werden konnten (allein mit den Schußwaffen, die ihnen zur Verfügung standen, hätten sie das nicht geschafft). Er war ein Befürworter der großen Expedition durch den Westen, die sein früherer Privatsekretär, der Land- und Pflanzenräuber Meriwether Lewis, unternahm. Die Lewisia, die Blume des Staates Montana, ist nach ihm benannt. Die Clarkia – die, soviel ich weiß, von keinem Bundesstaat für sich beansprucht wird – hat ihren Namen von dessen Mitarbeiter, dem Pflanzenräuber William Clark.

Wie sah das Pflanzenleben von Antigua zu einer Zeit aus, als ein anderer berühmter Abenteurer, nämlich Christoph Columbus, es zum erstenmal sah? Wenn man sich heute in einem Garten auf Antigua umsieht, findet sich darauf keinerlei Hinweis. Heimat der Bougainvillea (benannt nach einem weiteren rastlosen Europäer, dem Seeabenteurer Louis de Bougainville, dem ersten Europäer, der den Pazifik überquerte) ist das tropische Südamerika, der Plumbago kommt aus Südafrika, der Croton aus Malaysia, der Hibiskus mit den glatten Blütenblättern aus Asien, der mit den gefransten aus Ostafrika, die Allamanda oder Goldtrompete aus Brasilien, die Poinsettia (benannt nach einem amerikanischen Botschafter, Joseph Poinsett) aus Mexiko; der Paradiesvogel ist aus Südafrika, die Bermuda- oder Osterlilie aus Japan, der Flamboyant oder Flammenbaum aus Madagaskar, die Kasuarine aus Australien; die Norfolktanne kommt von den Norfolk-Inseln im Südpazifik, die Tamarinde aus Afrika und Asien. Die Mango ist in Asien beheimatet, die Brotfrucht in Ostindien. An Nahrungsmitteln fällt mir nichts ein, was so viel Streit zwischen Erwachsenen und Kindern verursacht hat wie die Brotfrucht. Kein Einheimischer der Westindischen Inseln, den ich kenne, hat sie je gemocht. Zu den Westindischen Inseln gebracht hat sie Joseph Banks, der englische Naturforscher und Weltreisende und der Gründer von Kew Gardens, das damals Clearingstelle war für alle von europäischen Reisenden in sämtlichen Ecken der Welt zusammengestohlenen Pflanzen (die Kletterrose *R. Banksia* aus China ist nach seiner Frau benannt). Er schickte Tee nach Indien, und zu den Westindischen Inseln schickte er die Brotfrucht als billiges Nahrungsmittel für die Sklaven. Captain Bligh führte sie als Fracht der Bounty bei jener Seereise zu den Westindischen Inseln mit, auf der seine Mannschaft zu Recht meuterte. (Vielleicht wissen die Kinder auf Antigua instinktiv, welche Rolle diese Frucht in der Geschichte der Ungerechtigkeiten gespielt hat, und mögen sie deshalb nicht). Die Brotfrucht ist wuchsfreudig und überaus ertragreich, Trockenheit – ein wesentliches Wachstumshindernis – ficht sie nicht an. Auf einer Insel wie Antigua ist die Brotfrucht kein Nahrungsmittel, sondern eine Waffe.

Was gab es an Kräutern auf der Insel, die hübsch anzusehen waren? Was für Bäume? Und wurden sie von den Einwohnern um ihrer selbst willen angepflanzt? Ich weiß es nicht, ich finde keine Aufzeichnungen darüber und kann nur Folgendes vermuten: Der Frangipani, der Mahagonibaum, die Zeder – sie alle sind auf den Westindischen Inseln beheimatet, und Antigua gehört dazu. Die Pflanzenwelt von Antigua hat sich in der Volksmedizin erhalten. Als ich einmal mit meiner Mutter auf den Stufen vor ihrem Haus saß, sah ich plötzlich einen schönen Strauch (jetzt finde ich ihn schön, als Kind fand ich ihn häßlich) und erinnerte mich, daß ich als Kind mit seinen Früchten gespielt hatte. Es ist eine krautige Pflanze mit rotem Stamm und roten Dornen, der smaragdgrüne, einfache Blätter hat, die vom Stengel ausgehend mit den gleichen roten Dornen besetzt sind. An die Blüten kann ich mich nicht erinnern, aber die Frucht ist eine kleine, fast durchscheinende rote Beere, eben jene, mit der ich gespielt hatte. Wir Kinder nannten sie manchmal Porzellanbeere, weil sie so durchscheinend und glasig war und uns an Porzellangeschirr erinnerte (Porzellan war uns im Grunde noch gar kein Begriff, wir hatten es damals allenfalls ein- oder zweimal gesehen) und manchmal Babytomate wegen ihrer Größe und weil sie keine richtige Beere war, so wie jede Zusammensetzungen mit Baby – nichts Richtiges, Ernstzunehmendes ist. Als ich den Strauch meiner Mutter zeigte, nannte sie ihn Cankerberry. Früher, sagte sie, hätten die Leute, als sie sich keinen Arzt leisten konnten, aus der Frucht eine Salbe hergestellt, und wenn ein Kind Soor hatte, strich man ihm die Salbe in den Mund, und der Soor verschwand. Aber heutzutage, sagte sie, macht sich mit so etwas keiner mehr die Mühe. Am Vortag hatte sie Besuch von einer Freundin gehabt, und als meine Mutter ihr etwas zu essen und zu trinken anbot, lehnte die Freundin ab, zu Hause warte ein Tee aus Six-sixty-six und Hagebutte auf sie. Dieser Tee soll, auf nüchternen Magen getrunken, gegen alle möglichen Gebrechen helfen und sich auch für Abtreibungen eignen. Ich habe den Six-sixty-six nie blühen sehen, aber die Blätter haben eine wunderschöne ovale Form und eine satte dunkelgrüne Farbe, Eigenschaften, die man in einem Garten, in dem man Wert auf Form und Farbe der Blätter legt, zu schätzen weiß.

Wenn ich jemandem erzähle, daß Gärtnern und Wohlstand zueinander in Beziehung stehen, daß es eine enge Beziehung zwischen beidem gibt, kontert der Gesprächspartner bestimmt mit dem Bild des unterdrückten, abgezehrten Cottagegärtners. Abgesehen davon, daß die Verfechter dieses Arguments noch nie einem Cottagegärtner begegnet sind, geschweige denn sich mit einem angefreundet hätten, handelt es sich bei einem Cottagegärtner so wenig um einen Gärtner wie bei meiner Mutter um eine Gärtnerin. Meine Mutter pflanzt das eine oder andere für den Eigenbedarf; was davon schön oder nicht schön ist, entscheidet sie. Und wenn es an einem Ort wie Antigua keine Cottagegärtner gibt, dann deshalb, weil man diesen Begriff in Antigua nicht kennt; beiläufige botanische Gespräche, lateinische Pflanzennamen, Diskussionen über die binäre Pflanzennomenklatur – da, wo ich herkomme, ist das Umfeld derlei Dingen nicht günstig, glaube ich. Ich erinnere mich noch gut an die unbarmherzige Engländerin, bei der ich Botanikunterricht hatte, und daß Botanik und Geschichte trotz ihrer Unbarmherzigkeit in der Schule meine Lieblingsfächer waren. Und deshalb ging ich in Antigua in eine Buchhandlung (die einzige auf der Insel), um zu sehen, welche Schulbücher man dort jetzt benutzte und wie sie sich von dem unterschieden, was man mir damals beigebracht hatte. Was man uns damals beigebracht hatte, war die Botanik des britischen Empire in Afrika und Asien, das Wissen um eben jene Pflanzen, die jetzt in Antigua weit verbreitet sind und den meisten Antiguanern (sofern sie sich überhaupt Gedanken darüber machen) wohl als typisch für ihre Heimat gelten. Inzwischen ist das Fach Botanik an den Schulen von Antigua jedoch abgeschafft, das Wissen um die Pflanzen nennt sich jetzt Landwirtschaft. Vielleicht ist das realistischer, denn was an der Botanik erhaben und poetisch ist, kann man nicht essen, Geheimnis und Schönheit der Botanik lassen sich nicht vermarkten.

Allerdings haben die Menschen auf Antigua eine Beziehung zur Landwirtschaft, über die sie sich kaum freuen dürften. Daß sie vor Hunderten von Jahren auf diese Insel kamen, hat mit eben dieser Sache, der Landwirtschaft, zu tun. Als man sie (uns) vor ein paar hundert Jahren aus Afrika auf diese Insel brachte, tat man das nicht etwa, weil sie sich so gut aufs Töpfern und Weben verstanden, sondern weil man sie als kostenlose Arbeitskräfte für die Feldarbeit einsetzen wollte. In einem Bericht über ihr Leben schrieb Mary Prince, eine Afrikanerin, die einige Zeit als Sklavin auf Antigua lebte:

»Mein Herr und meine Herrin begaben sich einmal aufs Land, nach Date Hill, der Luftveränderung wegen, und nahmen mich mit, zur Kinderbetreuung und für die Hausarbeit. Dort auf dem Land sah ich, wie die Feldneger auf Antigua arbeiten müssen. Sie müssen sehr hart arbeiten und bekommen wenig zu essen. Vor Tagesanbruch schickt man sie zur Arbeit, erst wenn es dunkel geworden ist, kommen sie zurück, und dann muß jeder sein Grasbündel für den Pferch heranschleppen. Am Sonntagmorgen müssen alle Sklaven ein großes Bündel Gras sammeln, und wenn sie es

heimbringen, müssen sie sich alle vor die Tür des Verwalters setzen und warten, bis er herauskommt. Oft sitzen sie dort bis nach elf Uhr, ohne Frühstück. Danach hasten diejenigen, die Yamswurzeln oder Kartoffeln oder Brennholz zu verkaufen haben, zum Markt, um Salzfisch oder Schweinefleisch zu kaufen, was für sie ein Festschmaus ist.«

Mir scheint völlig klar, daß eine Volksgruppe, die so negative geschichtliche Erinnerungen an die Feldarbeit hat, sich bemühen wird, alles, was damit in Zusammenhang steht (Landwirtschaft!) als würdig und wertvoll hinzustellen.

In einem Buch, das ich gerade anschaue (selbst das Lesen bedeutet Anschauen, denn die Buchstaben sind fast so groß wie Puppenteetassen), ein Buch, das *Tropical Gardens* heißt, finde ich Sätze wie diese: »Die Vorstellung eines in rein ästhetischer Absicht angelegten Privatgartens war tropischen Ländern im allgemeinen fremd« und »Bei den Bewohnern heißer Klimazonen gab es keine Tradition ornamentaler Gartenkunst. Lediglich hier und da mochten sich in einem normalen Privathaus ein paar Pflanzen finden, die man speziell ihrer duftenden Blüten oder ihrer angeblich glückbringenden Eigenschaften wegen gewählt hatte. Auch wurde in solchen Gärten kaum oder gar kein Wert auf ansprechende Landschaftsgestaltung gelegt. In den ersten Berichten von Reisenden aus den Tropen finden sich eine Fülle begeisterter Beschreibungen von Urwaldlandschaften, doch sucht der Leser vergeblich nach einer Schilderung, die eine geschmackvolle Anordnung üppig bepflanzter Schmuckrabatten und damit kontrastierender, sauber geschnittener Rasenflächen um die Häuser der Eingeborenen herum preist.« Was soll man dazu sagen? Bestimmt trifft das zu. Und bestimmt sind kontrastierende Rasenflächen und üppig bepflanzte Schmuckrabatten auch ein Zeichen, nämlich dafür, daß hier ein Mensch gedemütigt wurde, daß ein Mensch auf den Knien lag und nicht wußte, wie ihm geschah, so daß dieser Mensch sein Leben lang Beton bevorzugen wird. Um deutlich zu machen, was ich meine: Auf Seite 62 dieses Buches sind auf einem Photo acht Inder zu sehen, die eine schwere Maschine zur Rasenpflege schleppen. Sie tragen keine Schuhe. Sie stecken wie Schuljungen in Khakishorts und khakifarbenen Kurzarmhemden. Sie sehen alles andere als glücklich aus. Die Bildunterschrift lautet: »Arbeitskräfte für die Pflege der typisch europäischen Elemente großer Kolonialgärten zu finden war nie ein Problem; hier sieht man eine Gruppe von Arbeitern, die im Gymkhana Club in Bombay den Rasen walzen.«

Noch eine weitere Überlegung, die der Autor, Mr. Warren, hätte anstellen können: Was ist, wenn Menschen in den Tropen – soweit ihre Geschichte nicht untrennbar mit Sklaverei und Knechtschaft verknüpft und durch diese Erfahrungen vergiftet ist – ein glückliches Leben führen, zufrieden eine unsichtbare Hand am Werk wissen, hin und wieder amüsiert zur Kenntnis nehmen, daß die Hand danebengegriffen hat, was ist, wenn sie Wichtigeres zu tun haben, als aus einem kleinen Baum einen großen, aus einem großen Baum einen kleinen zu machen, einen Baum, dessen Blätter normalerweise gelb oder schwarz sind, was ist, wenn diese Menschen keine

Seelenpein umtreibt, wenn sie nicht rastlos und von Neid erfüllt sind? Ich selbst kann diese Frage nicht beantworten, sonst würde ich es an dieser Stelle tun.

Es dürfte viele Möglichkeiten geben, einen Menschen so zu formen, wie man ihn haben will; mit Bestimmtheit kenne ich nur zwei. Man kann ihm eine Pistole auf die Brust setzen, oder man kann ihm klarmachen, was man sich für ihn vorgestellt hat, und früher oder später findet er, ohne es selbst zu merken, so viel Gefallen an dieser Vorstellung, daß er diese Lebensweise begierig, ja bedenkenlos übernimmt, daß er glaubt, diese Lebensweise sei die seine, und daß er eher sterben würde, als von ihr zu lassen. Als ich mir das Buch über die tropischen Gärten anschaute, ließen mich die Blumen und Bäume, die mir aus meiner Kindheit so vertraut und aus Verhältnissen wie den meinen gar nicht wegzudenken waren, völlig kalt. Im Grunde mag ich weder die Bougainvillea noch den Hibiskus, und für die Coralita, das Windengewächs aus Mexiko, die sorgsam gepflegt eine Schönheit und sich selbst überlassen eine Scheußlichkeit ist, kann ich mich erst recht nicht begeistern. Ich kam von einem Besuch in Antigua in ein kleines Dorf in Vermont zurück, wo zu leben ich mich entschlossen habe. Es war Frühling. Die Tulpen, die ich im Herbst gesteckt hatte, blühten, und ich saß da und liebkoste ihre Blütenblätter, die sich anfühlten wie Seide – hinreißend obszön. Das schwindelerregende Gelb des Löwenzahns und der Sumpfdotterblumen leuchtet auf Feldern und an Flußufern und auf dem Moor. All das liebe ich. Narzissen liebe ich nicht, aber das ist ein Erbe der vorhin genannten Methode, einem die Pistole auf die Brust zu setzen, denn als

Kind wurde ich gezwungen, das berühmte Gedicht von William Wordsworth auswendig zu lernen. Ich versetzte meine Fingerhüte an eine Stelle in einem Fichtenhain. Ich wartete auf die Pflanzen, die ich im tiefsten, kältesten Winter bestellt hatte. Nach und nach trafen sie ein. Mr. Pembroke, der unser Dorf in der Legislative des Bundesstaates Vermont vertritt, half mir beim Pflanzlöchergraben. Mr. Pembroke ist ein sehr netter Mann, er sieht alles andere als unglücklich aus, er wirkt im Gegenteil auf eine Art, die ich nicht näher erklären kann, sehr menschlich. Wir einigen uns auf einen Preis, er schickt mir die Rechnung. Die Tage werden länger und länger, und später werden sie wieder kürzer werden. Inzwischen bin ich daran gewöhnt, ich finde es schön. In meinem Garten herrscht keine Ordnung. Ich lebe jetzt in Amerika. Amerikaner haben für das Erinnern, den Nährboden, auf dem die Ordnung gedeiht, nicht genügend Geduld.

Das Gewächshaus

Der Botanische Garten meiner Kindheit brauchte kein Glas; das heiße, feuchte Klima, das ihn umgab, war Schutz genug. Für uns war ein Garten, in dem Pflanzen aus den verschiedensten Teilen des Empire versammelt waren, eine ungewöhnliche Idee – aber wir hatten sie bald verinnerlicht, uns an sie gewöhnt und nahmen sie schließlich als so selbstverständlich hin wie jene andere Idee, daß man sich aus seinem heimischen (europäischen) Klima hinausbegeben und sich an Orten niederlassen konnte, in denen andere Leute heimisch waren, die man nicht mag. Auch jene Idee war ungewöhnlich und für uns untrennbar mit unseren Beherrschern, den Engländern, verbunden, mit ihrer Neigung – ihrem Bedürfnis –, Landstriche, Völker und Dinge dieser Welt zu vereinzeln, zu benennen, zu vergegenständlichen und in Besitz zu nehmen.

Der Botanische Garten meiner Kindheit ist riesengroß und in meiner Erinnerung irgendwie paradiesisch. Lange habe ich als Kind alle Sonntagnachmittage und über einen kürzeren Zeitraum, als mein Vater und ich gemeinsam in bester Laune (so scheint es mir jetzt) unsere Krankheiten pflegten, auch in der Woche viele Nachmittage dort verbracht. Am Sonntagnachmittag schien es mir nie zu gelingen, den Botanischen Garten ganz zu durchqueren. Ich staunte regelmäßig, wenn es dunkel wurde und ich immer noch in derselben Abteilung war, die ich gleich nach dem Betreten des Botanischen Gartens angesteuert hatte.

Mein Sonntagnachmittagsziel waren die abgeschiedenen Winkel des Botanischen Gartens. Besonders hoch in meiner Gunst stand der Bambushain (das war sein offizieller Name). Dort, umgeben von dieser hohen Grasart, die auf Antigua an sich völlig unbekannt ist, traf ich mich mit den großen Lieben meines damaligen Lebens. Diese großen Lieben waren alle Mädchen; wären es Jungen gewesen, hätte ich einen großen Fehler gemacht, der meinem Leben eine andere Richtung hätte geben können, nein, mit Sicherheit gegeben hätte, denn ich wußte – instinktiv oder weil man es mir eingebleut hatte –, daß Jungen (aus denen irgendwann einmal Männer werden) nie an die Folgen denken, sich nie um die Folgen kümmern, außer wenn es ihnen selbst in den Kram paßt, daß sie sich nie auf Spiele mit der Phantasie, auf ein So-tun-als-ob einlassen und deshalb alles bis zu einem logischen Abschluß bringen müssen, worauf sie sich dem nächsten Projekt zuwenden, um auch da einen logischen Abschluß herbeizuführen.

Welche Bambusart dort im Botanischen Garten wuchs und woher sie kam, weiß ich nicht mehr. Bestimmt war dort ein Schild mit einem entsprechenden Hinweis aufgestellt, nicht nur, weil das so üblich, sondern weil das für Menschen, die Bambus in seinem botanischen Kontext zeigen, typisch ist. Bambus kommt dort, wo ich herkomme, ursprünglich nicht vor. Jener Bambus – der einzige, den ich damals kannte – hätte ebensogut aus der geheimnisvollen Region stammen können, die ich als den Fernen Osten kannte, wie aus der anderen geheimnisvollen Region, die ich als Afrika kannte. Ich weiß nur, daß ich ihn mit einem Volk verband, das mir sehr vertraut war, einem Volk, das mich in so hohem Maße beeinflußt hat, daß ich, obgleich ich physisch keinerlei Ähnlichkeit mit seinen Menschen hatte, diesen Menschen mehr zu ähneln meinte als jenen anderen, denen ich physisch in Wirklichkeit glich.

Es gab einen Gummibaum. Wußte ich, daß er mit botanischem Namen *Ficus elastica* heißt? Wohl kaum; im übrigen hätte es mich auch nicht interessiert. Ich wußte, daß er bei manchen Völkern des geheimnisvollen Fernen Ostens ein Wirtschaftsfaktor war. Die sogenannten Eingeborenen im Fernen Osten waren – wie die sogenannten Eingeborenen überall – Arbeiter, das heißt, sie schufteten auf den Feldern, wo sie die dort ursprünglich heimischen und dort heimisch gemachten Pflanzen anbauten.

Es gab einen Gummibaum in diesem Botanischen Garten. Er wuchs nicht allzu weit entfernt von dem Bambushain. Dieser Gummibaum war ein gewaltiges Geschlinge aus gewundenen und ineinander verflochtenen Stämmen und Wurzeln. Als wir ihn zum ersten Mal zu Gesicht bekamen (und mit »wir« meine ich nicht nur meine unmittelbare Familie, sondern generell die Bewohner unserer kleinen Insel) war er eine Kuriosität; mit der Zeit nahmen wir seine Anwesenheit in unserer Mitte hin, so wie wir unsere eigene Anwesenheit hinnahmen, denn auch wir waren da, wo wir lebten, nicht von Anfang an gewesen. Wußte ich, daß ein so riesenhafter Baum ein Epiphyt, ein Schmarotzer, sein konnte? Und hätte dieses Wissen tröstlich sein können? Der Mann, der nicht wirklich mein Vater war, den ich nur dafür hielt, der mir als mein Vater präsentiert wurde, dieser Mann und ich waren einmal gleichzeitig krank, er hatte es auf der Brust und am Magen, die Diagnose lautete auf Funktionsstörungen des Herzens und des Verdauungstrakts, ich litt an einem schweren und hartnäckigen Hakenwurmbefall. In einem armen Land konnten Leiden, wie er sie hatte, von Ärzten nicht behandelt werden; Parasiten aller Art – mit Ausnahme des menschlich-kolonialen, eines besonders gravierenden und hartnäckigen Schädlings – werden in einem armen Land mit Feuereifer bekämpft, und ihre Vernichtung (die des nichtmenschlichen Parasiten) ist das Ziel eines jeden guten Menschen.

Als mein Vater und ich gleichzeitig krank waren, hatten wir eine wunderbare Zeit – auch wenn dieser Effekt eigentlich nicht beabsichtigt war. Morgens, nach einem Frühstück aus Porridge, Eiern und Grapefruit, blieben wir im Bett und legten die Füße aufs Fensterbrett; die Sonne mit ihrer Hitze drang erstaunlicherweise nie bis ins Haus vor, sondern machte immer vor der Schwelle oder vielmehr vor dem Fensterbrett Halt. Während wir im Bett lagen, machte sich mein Vater wie besessen über die Tippzettel fürs Fußballtoto her in der Hoffnung, eine Kombination englischer Fußballmannschaften zu finden, die alle dasselbe machten (ich weiß nicht mehr, ob sie alle gewinnen oder alle verlieren mußten), und hätte er richtig getippt, hätte er einen Haufen Geld gewonnen. Er hat es aber nie geschafft. Ich las ein Buch, irgendein Buch, ich weiß nicht mehr welches, in jedem Fall aber eins, von dem meine Mutter eine hohe Meinung hatte. Nach dem Mittagessen, das immer gut schmeckte, von dem ich aber noch heute sicher weiß, daß ich nicht viel davon gegessen habe, machten mein Vater und ich einen Spaziergang. Unser Ziel war immer der Botanische Garten, und im Botanischen Garten war unser Ziel, einen angenehmen Nachmittag unter dem Gummibaum zu verbringen.

Daß wir im Botanischen Garten erst nach einiger Zeit unter dem Gummibaum landeten, lag daran, daß mein Vater vorher in verschiedenen Abteilungen Halt machte und heimlich hier und da etwas pflückte, um daraus einen Tee für seine Beschwerden zu brauen. Insbesondere hatte er es auf einen Busch abgesehen, den er Myrthenbusch nannte. Es war ein niedriger Strauch mit kurzen Dornen an langen, leicht überhängenden Zweigen mit kleinen roten Beeren. Ich kann mich nicht erinnern, daß ich ihn je hätte blühen sehen. Auch andere Pflanzen meinte er zur Behandlung seiner Gebrechen pflücken zu müssen, an die ich mich aber nicht so gut erinnere wie an den Myrthenbusch, der, wie mir im Rückblick scheint, wohl so etwas ähnliches wie eine Berberitze war (und vielleicht erklärt sich daraus meine Antipathie gegen Berberitzen und die Tatsache, daß es in meinem Garten keine gibt; auch eine Leidenschaft für Berberitzen würde meine damalige Erfahrung erklären). Meinen Vater aus diesem Strauch einen Tee zubereiten zu sehen, war ein ungewöhnlicher Anblick, denn ich habe sonst nie erlebt, daß mein Vater sich mit etwas abgab, das auch nur vage an Hausarbeit erinnerte. Er putzte nicht einmal seine Schuhe selbst, das machte meine Mutter; sie sorgte sogar dafür, daß er jeden Abend ein frisches Glas Wasser für seine beiden Zahnprothesen bekam (sie war überzeugt davon, daß die dritten Zähne an seinen Verdauungsproblemen schuld waren).

Im Schatten der verkrümmten Zweige des Gummibaums (eine Krümmung, die bei einem Gummibaum etwas ganz Natürliches ist) im Botanischen Garten von St. John, Antigua, einem Garten, der das Werk des ambivalentesten aller Völker ist, erfuhr ich wichtige Dinge, die ich allerdings erst viel später begriff. Nicht zuletzt, wie ich zur Schriftstellerin wurde oder zumindest was – unter anderem – dazu beitrug, daß ich eine wurde. Mein Vater: Seine Mutter ließ ihn allein, als er ein kleines Kind war, so klein, daß es noch für den Fünfzigjährigen bedeutsam war, aber daß einen die Mutter im Stich läßt, ist natürlich immer von Bedeutung, einerlei, wie lange es her ist. Sie ging nach England, und er hat sie nie wiedergesehen. Einmal hat sie ihm ein Paar Schuhe geschickt, aber sie waren zu groß und wurden sorgsam verwahrt, und als er sie wieder anprobierte, waren sie ihm zu klein geworden. Vielleicht zur gleichen Zeit, vielleicht vorher, vielleicht nachher (das habe ich nie genau erfahren) überließ ihn auch sein Vater sich selbst und zog aus, um den Panamakanal zu bauen. Ob mein Vater damals wußte, daß sein Vater den Panamakanal nicht ganz allein gebaut hatte, erzählte er mir nicht. Erst viel später, als ich mit anderen Menschen von den Westindischen Inseln sprach und die Geschichten von deren Vätern hörte, die ebenfalls ausgezogen waren, um den Panamakanal zu bauen, kam mir der Gedanke, daß sich mein Vater, wenn er im Botanischen Garten unter dem Gummibaum saß, womöglich auf eine gewisse Weise – eine sehr menschliche Weise – in der Präsenz, der Atmosphäre, dem Heiligtum der Besitznahme befand und darin nur ein Objekt, ein bloßes Ding war. Der Gummibaum war nicht als freundliche Kuriosität nach Antigua gekommen, die Insel Antigua, auf der mein Vater lebte, war nicht durch die Umwälzungen einer gleichmütigen, unberechenbaren Natur zu dem geworden, was sie war.

Mein Vater hatte diese Kultur der Besitznahme verinnerlicht: den Gummibaum, den Bambus, den Strauch, aus dem er seine Medizin braute (und der ursprünglich nicht in Antigua zu Hause war, ich weiß nicht, woher er stammt, aber außer in jenem Botanischen Garten habe ich ihn nie irgendwo gesehen), den Bambushain, den Botanischen Garten mit allem, was er enthielt, uns beide eingeschlossen (aber im Gespräch mit seiner Tochter war er dann auf wunderbare Weise nicht mehr nur ein bloßes Objekt in diesem Drama der Besitznahme). Mit dem Panamakanal verbindet sich auch die Schändlichkeit des Imperialismus und der durch nichts gerechtfertigten Aggression, aber all das, Forderung und Gegenforderung, Vorstellung und Wirklichkeit, war für meinen Vater ohne Bedeutung; »Panamakanal« – das konnte er verstehen, das Wort ging ihm so geläufig von der Zunge, als könne er es mit Fug und Recht für sich beanspruchen.

Was hat all das mit dem Botanischen Garten oder dem Gewächshaus zu tun?

Immer wieder stoße ich, wenn ich durch einen Botanischen Garten gehe, auf das Modell oder die Nachbildung einer Landschaft und sage mir: Das ist der Garten eines Menschen in einem fernen Land, auf den der Botanische Garten als Anschauungsobjekt zurückgegriffen hat. Gewöhnlich stehen da die Kokospalme, die Banane, eine Zuckerrohrstaude. Alles Pflanzen, die während meiner Kindheit auf den Westindischen Inseln auch in meinem Garten wuchsen; ich habe sie auf Photos von Gärten in Afrika und Asien und mit eigenen Augen in Botanischen Gärten Europas und Amerikas gesehen.

Auf einem Streifzug durch die Gewächshäuser von Kew Gardens stieß ich auf die schönste Stockrose, die ich je gesehen hatte. Stockrosen gehören zu meinen Lieblingsblumen; warum, fragte ich mich in diesem Moment, wird eigentlich diese Sorte nicht mehr gezüchtet und angeboten? Sie hatte die für Stockrosen typischen großen, gelappten Blütenblätter und leuchtete in einem traumhaft klaren, einem zarten, wie neugeborenen Gelb, aber als ich die Beschreibung las, die auf dem Schild stand, wurde mir ganz schwindlig. Es handelte sich nicht um eine Stockrose, sondern um *Gossypium*, landläufig Baumwolle genannt. Nun ist Baumwolle an sich eine wackere Pflanze, die niemandem etwas zuleide tut. Der Botaniker Oakes Ames tut sie kurz und bündig, ja geradezu brutal abschätzig als einjährige Nutzpflanze ab, aber ich werde die grausame Rolle, die sie in der Geschichte meiner Vorfahren gespielt hat, nie vergessen. Und obwohl die Zeit, in der sie zur Versklavung einiger meiner Ahnen nicht unwesentlich beitrug, lange zurückliegt, hat sie auch noch in mein Leben hineingewirkt.

Meine Mutter hatte eine Freundin, die – von uns aus nur nach einem längeren Fußmarsch zu erreichen – »auf dem Land« lebte; das bedeutete auf Antigua, daß man vom eigenen Haus aus nicht allzu viele Menschen zu Gesicht bekam. Die Freundin meiner Mutter hielt Perlhühner, ein paar Schweine und Hühner. Diese Tiere waren alle mürrisch und ungesellig, ganz und gar nicht wie die Tiere in einem Bilderbuch. Auf einem großen Feld hinter dem Haus und hinter dem Hof, auf dem die Tiere lebten, baute diese Frau Baumwolle an. Ich habe die Baumwolle nie blühen sehen, ich wußte nicht einmal, daß sie blühen kann. Ich sah sie nur zur Erntezeit, die mit meinen großen Ferien im Juli und August zusammenfiel; dann mußte ich sie manchmal ernten und – nachdem alles in großen Behältern verstaut war – die Baumwolle von den Hülsen und dann von den Samen trennen. Es gab viele Gründe, warum mir diese Zeit in meinem jungen Leben schrecklich vorkam. Ich war von meiner Mutter, von meiner ganzen Familie getrennt, von dem Haus, in dem ich untergebracht war, konnte ich den Friedhof sehen, die Perlhühner waren mir nicht vertraut, die Schweine waren ekelhaft, aber wohl am nachhaltigsten ist mir die Baumwolle in Erinnerung. Sie mußte gepflückt werden, und auch wenn ich mich nicht daran erinnere, daß ich sie tatsächlich gepflückt habe, erinnere ich mich um so deutlicher an die großen Ballen, die ein ganzes Zimmer füllten, manche schon von den trockenen Hülsen und Samen befreit, bei anderen mußte das noch gemacht werden. Ich erinnere mich, daß mir die Hände wehtaten, besonders die Daumenballen, wenn ich versuchte, die Hülse von der Baumwolle und dann die weiße Baumwolle von ihren schwarzen Samen zu trennen. Frucht und Samen waren eine feste Verbindung eingegangen und schwer auseinanderzubringen. Das ist keine Fiktion; all das fiel mir ein, als ich jene Pflanze in Kew Gardens blühen sah. Ich hatte Baumwolle noch nie blühen sehen. Die Stockrose, mit der sie verwandt ist – beide gehören zur Familie der *Malvaceae* – ist eine meiner Lieblingsstauden, vielleicht weil sie aussieht wie Baumwolle, wenn sie blüht, andererseits müßte die Stockrose aus eben jenem Grund auf meiner Favoritenliste ganz unten stehen. Ich warte darauf, daß mir aus dem unbekannten Raum, der sich Zeit nennt, eine Antwort zukommt.

Die ersten Berichte über botanische Gärten stammen von Männern, die sich geschworen hatten, auf die Gesellschaft von Frauen zu verzichten und sich anderen Dingen zu widmen, dem Streben nach dem reinen Denken, der Betrachtung der Welt, wie sie ist oder sein sollte, und als Erholung davon oder Ergänzung dazu dem Raub, der Vereinzelung und Einkerkerung von Pflanzen. Das ist meine Interpretation, das ist die von mir bevorzugte Sicht.

In einem Gewächshaus, dem Gewächshaus eines reichen Mannes namens George Clifford, erfand Carlolus Linnaeus, Adam gleich, die moderne Nomenklatur der Pflanzen. Er benannte die Dinge, die er wachsen sah. George Clifford lebte in Holland und wird aus unerfindlichen Gründen immer als anglo-niederländischer Bankier bezeichnet. Die Pflanzen können nur in sein Gewächshaus gelangt sein – ich zitiere aus dem *Oxford Companion of Gardens* – »im Zuge des durch Seemächte wie Holland und Großbritannien in Schwung kommenden Welthandels.« Ich weiß weder, woher die Pflanzen stammten noch wie sie hießen, ehe Linnaeus sie benannte. Ich weiß, daß sie weder in Holland noch in Großbritannien beheimatet waren, sonst hätte er kein Gewächshaus gebraucht. Der Name Linnaeus ist interessant. Seine Familie hat ihn offenbar angenommen, weil ein Vorfahr eine besondere Beziehung zu Linden hatte. Vielleicht war die Benennung von Pflanzen für ihn also eine spirituelle Bestimmung.

Das Gewächshaus stört mich nicht; der Botanische Garten stört mich nicht. Das ist keine große Geste meinerseits, sondern vor allem das Eingeständnis einer Niederlage; es wäre völlig sinnlos, mich daran zu stören, ich könnte so oder so nichts dagegen machen. Mich stört nur das Ausbleiben dieses Eingeständnisses, dieser Widerspruch: Daß vielleicht für alles Schöne, das wir vor uns sehen, jemand anderer einen hohen Preis bezahlen mußte.

III

Brief an Dan Hinkley und Robert Jones, Besitzer der Gärnterei Heronswood

6. März 1996

Lieber Dan, lieber Robert,

ich bin zurück von meiner Eine-Million-Meilen-Tour. Ginge es gerecht zu in der Welt, würde ich reich genug werden, daß ich so etwas nie wieder machen müßte. Aber es gibt keine Gerechtigkeit auf der Welt, und es wird sie niemals geben. Es war schön, erst Euch beide und dann, in Kalifornien, Dan zu sehen. Meine Pflanzen aus der Western Hills Nursery in Occidental, Kalifornien, sind wohlbehalten hier eingetroffen. Ich hatte ein ausgesprochen schlechtes Gewissen, weil sie in einer Kiste eingesperrt waren, während ich von einem Luxushotel zum nächsten gezogen bin, aber ich habe einfach so getan, als wären sie mit der Post unterwegs. Von Dans Einkäufen bei Strybing Arboretum ist mir noch am nächsten Tag einiges zu Ohren gekommen, so sehr waren sie aufgefallen. Schade, daß ich nicht dabei war. Einen Käufer mit so ausgeprägten floralen Begehrlichkeiten (gibt es dieses Wort?) in Aktion zu sehen, stelle ich mir sehr vergnüglich vor.

Apropos Begehrlichkeiten: Seid ihr vielleicht gerade dabei, das letzte Exemplar von irgend etwas zu verkaufen, was für mich interessant wäre? Bitte setzt es mit auf meine Liste. Ich vertraue Euch beiden schrankenlos. Wie war das mit der Rose, die rote Zweige hat? Ah, zwei Bitten, Dan: Mitte April fliege ich nach Holland, möchtest Du mich immer noch zu diesen Leuten schicken, deren Pflanzen und Gärten ich mir unbedingt ansehen sollte? Wenn Du im Augenblick keine Zeit hast, Dich darum zu kümmern, macht das nichts, schon der massenhafte Anblick von Tulpen wird mich glücklich machen. Ich liebe Tulpen. Und welche Jahreszeit ist am günstigsten in englischen Gärten – kurz vor oder kurz nach Ende Juni? Ich denke an das Symposium und daß ich bei dieser Gelegenheit auch Dan wiedersehen werde (wenn auch leider nicht Robert) und ihm Edna Lewis' Maispudding vorsetzen kann.

Ist bei Euch beiden jetzt März? Hier haben wir März, und der Winter benimmt sich wie ich, wenn ich mich irgendwo wohlfühle und spüre, daß ich meine Begleitung unglücklich mache, weil ich mich nicht benehmen kann und nicht merke, daß es Zeit ist zu gehen. Ich gehe jetzt.

Herzliche Grüße an Euch beide,
Jamaica

Frühling

Es war ein früher Frühlingstag, der erste Tag, der sich wirklich frühlingshaft benahm, und meine Kinder und ich saßen in der Sonne und sahen zwei anscheinend sehr jungen Karnickeln zu (zumindest waren sie sehr klein), die in dem braungrünen Gras herumtollten. Sie – die beiden Karnickel – jagten sich, zwickten einander in den Schwanz, bissen sich in den Nacken, sprangen gleichzeitig hoch und stießen zusammen, und meine Kinder sahen verblüfft und hingerissen zu. Ich saß daneben, und mein Lächeln war leicht verzerrt. Ich dachte nämlich – besonders als ich sah, wie ein Karnickel hinter dem anderen her in meinen Gemüsegarten rannte: Ich wünschte, ich könnte mich in ein riesengroßes Tier mit auffälligen Streifen verwandeln, mich mit ein paar Sätzen an die herumtollenden Karnickel heranmachen und sie mit einem spielerischen Schlag meiner großen Tatze packen, sie spielerisch in die Luft schleudern und mit unbändigem Vergnügen das Knacken der in der Luft zerbrechenden kleinen Hälse hören. »Hey, Mom, das ist echt gemein!«, sagte meine Tochter Annie, als ich diesen Gedanken aussprach. Aber wie gemein (das habe ich sie nicht gefragt) ist das wirklich? Schließlich habe ich die Kötel in allen Blumenbeeten gefunden, und bestimmt hat nur der herrlich strenge Geruch der Fritillarien, die ich überall verteilt hatte (sie riechen wie ein geliebter Mensch unter der Achsel, nur zehnmal so stark) sie von Sachen ferngehalten, die sie gerne aufgefressen hätten.

Der Winter war unerträglich gewesen; das war nichts Neues, aber dieser hatte es wirklich übertrieben. Der

Himmel hing zu tief und war zu grau, der Boden war zu hoch (wegen des Schnees) und zu weiß. Die Tage waren zu kurz und zu dunkel, die Nächte zu lang und noch dunkler. Dann war es eines Tages dem Kalender nach Frühling, und ein wenig später hatten wir tatsächlich einen frühlingshaften Tag. Die Sonne fühlte sich an, als ob sie wirklich wärmte, zum erstenmal nach fast einem halben Jahr konnte ich das mit Bestimmtheit behaupten. Das Gras schien vor meinen Augen grün zu werden. Der letzte Schneehaufen am Rand des Feldes schmolz rasch dahin. Aber wie ein lästiger Mensch, den niemand besonders mag, weigerte sich der Winter, ganz zu verschwinden. Die Luft war noch immer frostig, und weil ich nicht mehr die Kraft hatte, mich dagegen zu wappnen, fror ich mehr als im Januar. Und dann bewirkte das Wunder der Sommerzeit plötzlich etwas Herrliches: Die Tage wurden länger und bis zum Ende heller; während die Reste des Winters sich noch an den Hängen festklammerten, schob sich der blaue und purpurfarbene Dunst über den Baumkronen an den Hängen höher und höher. Eines Tages sah ich einen orangefarbenen Fleck, der sich im Garten bewegte, ich stürzte zum Fenster und rief: »Die Rotkehlchen sind da!«, und meine Familie, die mit mir im Zimmer war, guckte mich an, und auch wenn sie nie schlecht von mir reden würden, sah ich ihnen an, daß sie sich im Stillen fragten, ob ich jetzt wohl total übergeschnappt sei.

Und an jenem ersten wirklichen Frühlingstag war der Frühling plötzlich überall; alles, was überlebt hatte, war voller Knospen, die Sonne schien warm auf uns herab, wir mußten die Jacken ausziehen, und man konnte in etwa erkennen, was den Winter überstanden hatte. Alle meine Rosen lebten noch. Mit besonderer Freude sah ich, daß die Rosen ›Ballerina‹ und ›Cécile Brünner‹, von denen viele Leute mir gesagt hatten, ich könnte sie in diesem Klima nicht halten, über und über mit den kleinen roten Pusteln bedeckt waren, die neue Triebe verhießen. Als Gärtnerin habe ich eins gelernt: Hör dir alles an, was die Leute sagen, und pflanze dann das, was dir am Herzen liegt. Ich habe ebensoviel aus meiner Überheblichkeit und aus meinen Fehlern gelernt wie von den großen Gärtnern, denen ich begegnet bin. Ich habe gelernt, daß ich zwar in Klimazone 5 lebe, daß aber in Teilen meines Gartens ein Mikroklima herrscht, das Zone 6 entspricht.

Eines Tages leuchtete und flirrte die Luft im Rot, Grün, Gelb und Blau der knospenden Bäume. Die Sonne war höhergestiegen auf ihrem langen Weg über den Himmel. Es war warm, es war Mai. Schlangen kamen in Paaren aus der Bruchsteinmauer und zwischen den Steinstufen hervor und ringelten sich in dieser für sie so typischen, unnachahmlichen Stellung zusammen, die Angst und Bewunderung weckt. Ich fürchte mich vor Schlangen und würde sie am liebsten sofort alle umbringen, aber dann fiel mir ein, daß sie ein räuberisches Wesen haben, und ich sah eine über den Rasen zu der Stelle gleiten, wo ich den Bau einer Spitzmausfamilie vermutete (vor Nagern fürchte ich mich noch mehr als vor Schlangen). Der Monat Mai kommt und geht jäh und stürmisch, jeden Tag tut sich mir eine andere Freude auf, und ich erlebe sie so intensiv, daß es mir nach der Öde und Unwirtlichkeit der letzten Monate fast wie Hohn vorkommt, wenn ich aus dem Fenster schaue und die Bergenien sehe, die rosa und weiß vor den rosafarbenen und weißen Tränenden Herzen stehen, die steifen rosa Blütenstände des Schildblatts, das ich durch Joe Eck und Wayne Winterrowd kennengelernt habe, und denen große Blätter an langen, eleganten Stengeln folgen; das Pink und Blau, Weiß und Mauve des Lungenkrauts (›Mrs. Moon‹, Janet Fisk‹, ›Sissinghurst White‹); die raketenförmigen grünen Spitzen der Funkien, die es so wenig eilig haben wie die Schnecken, die gern an den zarten Trieben knabbern; die blühenden Apfelbäume. Die Vergißmeinnicht hatten sich zu meiner Freude einen Platz zwischen Mädesüß (*Filipendula rubra* ›Venusta‹), Lupinen und Federmohn (*Macleaya*) erobert, und die blauen Köpfchen zwischen den verschiedenen Grüntönen waren von so unglaublich schlichter Schönheit, meine Freude an ihnen so unmittelbar, daß ich lange Minuten brauchte, um diesem Gefühl zu mißtrauen: Bestimmt würde es nicht lange dauern, bis ein anderer Gedanke daherkäme und mir die Freude verdürbe.

Und an einem anderen warmen Tag hörte ich plötzlich, als ich im Sandkasten der Kinder unter einer besonders hohen Hemlocktanne stand, das zornige Kreischen eines Vogels; ich erkannte die Stimme einer Mutter, die spürt, daß ihre Lieben in Gefahr sind, und als ich hochschaute, sah ich das Nest unmittelbar über meinem Kopf. Ob Jungvögel oder Eier darin waren, konnte ich nicht erkennen, aber ich fühlte mit der Mutter und versuchte ihr zu vermitteln, daß ich zwar nicht begeistert war, wenn sie meine frisch gepflanzten Wicken aufpickte und meinen Regenwürmern nachstellte, daß ihr aber von mir keine Gefahr drohte, daß sie und ihresgleichen bei mir ganz sicher waren. So ist der Mai, mein liebster Monat, und wenn ich einmal an der Reihe bin, die Welt zu erschaffen – womit ich fest rechne! – soll mein Mai neunzig Tage dauern, Dezember, Januar und Februar werden jeweils zehn Stunden zugeteilt; die Pläne für die anderen Monate habe ich noch nicht abgeschlossen, aber den Mai soll keiner übertreffen.

Bei einem Besuch in Carlson's Garden (einer Gärtnerei in South Salem, New York, die auf Azaleen, Rhododendren und Kalmien spezialisiert ist) begegnete mir nicht der strenge, furchteinflößende, rechthaberische Mr. Carlson, den ich vom Telefon kannte, sondern ein sanfter, herzlicher Mann, der sich geduldig all meine irrigen Ansichten über die Winterhärte bestimmter Pflanzen anhörte, die ich unbedingt haben wollte, mich dann humorvoll korrigierte und väterlich zu denen lenkte, die für mich am geeignetsten waren. Wenn ich ausnahmsweise eine richtige Bemerkung gemacht hatte, sah er mich an und nickte und lächelte und sagte nur »Ganz recht, ganz recht«, und ich platzte innerlich fast vor Stolz und mußte an das ängstliche, beflissene kleine Mädchen denken, das ich einst gewesen war. Die Rhododendren ›Janet Blair‹, ›Caroline Gable‹ und ›Scintillation‹ öffneten sich gerade. Die wären genau richtig für meine Klimazone, sagte Mr. Carlson. In seinem Garten ragten sie hoch über mir empor und spreizten sich schamlos; er hatte sie vor fünfundzwanzig Jahren gepflanzt. Die Exemplare, die ich im Kofferraum heimfahren konnte, waren nicht einmal so groß wie meine Kinder. Wenn ich nur jetzt schon wüßte, in was ich in fünfundzwanzig Jahren verliebt sein werde, könnte ich alles so einrichten, daß ich dann die Freude daran voll auskosten könnte. Ich erstand drei *R. schlippenbachii.*

Lange vorher hatte ich Jack Manix von Walker Farms unter den bei diversen Samenhandlungen bestellten Samen, die ich ihm zur Anzucht geschickt hatte, förmlich begraben. Seine Farm ist seit vielen Generationen im Familienbesitz. Ein großer Teil des Landes wird jetzt nicht mehr landwirtschaftlich genutzt, und der Staat Vermont hat ein Auge darauf geworfen, weil man meint, dort wäre genau der richtige Ort für eine Müllkippe. Daran sind die vielen Menschen schuld, die – wie ich – mit ihren Familien nach Vermont gezogen sind und die persönlich nie jemandem etwas zuleide tun würden. Jack Manix hat sich bei mir nie über seine prekäre Lage beklagt, er hat sich nur sehr über die Samenmengen gewundert, die ich ihm geschickt habe. Ich hatte bei Thompson & Morgan fünfzehn verschiedene Sorten Fingerhut bestellt, fünf verschiedene Sorten Primeln, Stechapfel, Scheinmohn (Jack meinte, er sei nicht sicher, ob er es schaffen würde, sie zum Keimen zu bringen), Samen von Mohn bei Pine Tree Gardens in Maine, dem einzigen Betrieb, bei dem ich auch Samen für einjährigen Beifuß (*Artemisia annua*) aufgetrieben hatte. Fünf verschiedene Stechapfelsorten hatte ich bestellt, weil ich sie mit einer Freundin teilen wollte, aber nachdem sie einen hysterischen Artikel von Allen Lacy (in *Home Ground*) gelesen hatte, in dem er sich darüber ausließ, wie gefährlich der Stechapfel für Kinder sein kann und für die ersten Siedler von Amerika war, wollte sie keine mehr haben. Ich habe sie zwar darauf hingewiesen, daß da, wo ich herkomme, der Stechapfel ein lästiges Unkraut ist, das sich überall ausbreitet, wo sonst gar nichts mehr wächst, und meines Wissens dort weder ein Kind noch sonst irgend jemand je an dieser Pflanze, sehr wohl aber an Unterernährung gestorben ist, aber sie war nicht bereit, ihre Meinung zu ändern.

Dann kam der Regen und zwar auf diese unerwünschte Art – als etwas Notwendiges, das man aber im Augenblick nicht gebrauchen kann –, und es gab ein großes Jammern und Klagen, weil manches nun womöglich verfaulen und anderes gar nicht erst keimen würde. Zum Glück waren all diese Sorgen unbegründet, aber wir hatten eine Masseninvasion fetter blaugrauer Käfer, die den Nektar aus den Lupinenknospen und den Rosenknospen saugten, und eines Morgens vor Sonnenaufgang, als die Kinder in den Schulbus eingestiegen waren, brachte ich sie mit einer tüchtigen Portion Insektizid eigenhändig um. An einem dieser Regentage, an denen ich draußen nichts machen konnte, war mir eine dunkle Gartenecke aufgefallen, die in diesem Wetter noch dunkler wirkte, und ich stellte mir Blaublattfunkien darin vor; deshalb rief ich Mr. Ruh von Sunnybrook Farms in Wisconsin an, das ist eine Gärtnerei, die sich auf Funkien spezialisiert hat. Er und Mrs. Ruh haben folgenden Eintrag in ihrem Katalog: »The Tardiana of Eric Smith«, und auf meine harmlose Frage, was »The Tardiana of Eric Smith« denn sei, bekam ich die Geschichte von einer Art Familienzwist zu hören. Eric Smith sei Gärtner und Funkienzüchter gewesen, erzählte er mir, und ihm sei es gelungen, somit die blaublättrigsten aller Blaublattfunkien zu produzieren. Dieser Gärtner Eric Smith war angestellt bei einem berühmten Gartenbesitzer, aber anstatt zu arbeiten, wie es sich gehörte, züchtete er unentwegt weiter seine Funkien. Der Mensch, für den er arbeitete, konnte Funkien nicht leiden, hatte die Pflichtvergessenheit seines Gärtners ohnehin satt und setzte ihn vor die Tür. Smith warf (vielleicht aus lauter Wut) seine Zuchtversuche auf den Kompost und ging nach Hause. Kurz darauf starb er, und wenig später fand man seine Versuchspflanzen auf dem Komposthaufen. Aber er hatte keine Aufzeichnungen hinterlassen, weshalb man bei der Wiederholung der Versuche auf Spekulationen und Vermutungen angewiesen war. Mr. Ruh nannte mir bereitwilligst den Namen des Gärtners, der Eric Smith gefeuert hatte. Das Geld, das ich nicht hatte, hinderte mich daran, Eric Smiths Funkien zu bestellen, sie kosten mindestens fünfzehn Dollar pro Stück. Ich habe seine Funkien nie gesehen, aber für seine Geschichte habe ich großes Verständnis, es ist die Geschichte eines fanatischen, mißverstandenen Liebhabers im Kampf gegen die ignorante Welt. In dem Buch *The Genus Hosta* von George W. Schmid lese ich unter Eric Smith: »H. Tardiana grex Smith UK. Diese Hybriden erhielten zunächst den Namen Binäre Hybride H. x tardiana, der aber aus verschiedenen Gründen unrechtmäßig ist ...«, und dann distanziert sich die Welt der echten Funkien vornehm-diskret von Eric Smith. Am gleichen Tag lockte ein Gemisch aus Nässe, Kälte und Wärme die Schnecken heraus, und ich sammelte sie, von leidenschaftlichem Schneckenhaß beseelt, alle ein (sie hatten den Rittersporn, die Goldkolben verspeist) und tat sie in ein Glas; abends setzten wir sie auf den Plattenweg vor meiner Hintertür und bestreuten sie teelöffelweise mit Salz; sie krümmten und wanden sich und zerflossen dann zu einem braunen Brei. Während ich die

Kinder kreischen und lachen ließ, hörte ich die stummen Schreie der Schnecken, die sich qualvoll in Nichts auflösten. Ich möchte nie wieder eine Schnecke in meinem Garten sehen. Und trotzdem: Morgen ist wieder ein Tag …

Eine Familie ist und bleibt eine bösartige Bande, einerlei, wie sie sich wandelt, welche Gestalt sie annimmt, wie schön sie anzusehen ist und wie nett sie daherredet.

Wo anfangen?

Wo soll ich anfangen? Die Rhododendren ›Jane Grant‹ wurden geliefert, als ich an einem Dienstag, schon auf dem Weg zur Rocky Dale Farm (einer ganz speziellen Gärtnerei hier in Vermont) erfuhr, daß sie dienstags geschlossen ist; ich hatte bei zwei verschiedenen Bezugsquellen drei Tränende Herzen ›Snowdrift‹ geordert, sie waren für dieselbe Stelle gedacht, aber das merkte ich erst, als sie kamen – am gleichen Tag zur gleichen Zeit. Was nun?

›Jane Grant‹ gehört zu den schönsten Pflanzen, die je mit der Post bei mir angekommen sind (auf den ersten Blick sollte man eine Pflanze eigentlich nicht beurteilen, auch wenn dieser erste Eindruck bei Menschen recht oft der richtige ist), aber als ich sie aus ihrer braunen Verpackung schälte, kamen mir fast die Tränen, so schön war sie, adrett und zierlich, mit glänzenden, mittelgrünen, mit üppigem Flaum besetzten Blättern (ein Elternteil ist *R. yakushimanum*), und auf den Blättern üppige, faustförmige Blütenköpfe, zunächst noch weißlich-limonengrün, die sich dann, je weiter sich die Blüten öffnen, in einer Abfolge von Rosatönen präsentieren (während ich dies schreibe, hat die Verwandlung noch nicht eingesetzt), Rosatönen, die mich alle an etwas Angenehmes erinnern: ein Mädchenkleid, die Innenseite eines Mundes, einen Augenblick sehr früh am Morgen, wenn man noch nicht weiß, ob die Sonne herauskommen wird. Ich hatte mich lange gegen diesen Strauch gesträubt. Warum? Jane Grant, die Namensgeberin, war mit dem ersten Herausgeber des *New Yorker* verheiratet. Ich weiß nicht mehr, warum ich mich gegen eine Pflanze sträubte, nur weil sie nach der Frau des ersten Herausgebers des *New Yorker* benannt ist. Das unterstreicht nur, daß viele meiner Ansichten und Entscheidungen auf so tönernen Füßen stehen, daß ich mich nicht einmal mehr an sie erinnern kann. Ich hatte die ›Jane Grant‹ an einem Januartag bestellt, als ich nach einer Lungenentzündung versuchte, mich mit dem Anblick von Blumen aufzuheitern – solcher, die man kaufen kann, nicht Blumen in anderer Leute Gärten. Im Katalog der White Flower Farm stieß ich auf ein hinreißendes Bild der ›Jane Grant‹ und bestellte sie, zusammen mit vielen anderen Pflanzen, bei denen ich mich aber, soweit ich weiß, nicht über solche Bedenken hinwegzusetzen brauchte, und an dem Tag, als ich von einer Gärtnerei in Quechee, Vermont, zurückkam (eine Fahrt, mit der ich mich für die Enttäuschung mit der Gärtnerei Rocky Dale hatte entschädigen wollen) erwarteten mich meine ›Jane Grant‹ und viele andere große Kartons, vollgestopft mit all den Pflanzen aus all den Gärtnereien, bei denen ich an jenem Januartag etwas bestellt hatte. Zweifellos kann jeder sich einen reizvollen Garten anlegen, indem er seine Pflanzen einfach nach den Katalogen von Wayside und White Flower Farm bestellt, aber wenn man einen Garten haben möchte, in dem vor allem ungewöhnliche einheimische (amerikanische) Pflanzen wachsen und Pflanzen aus anderen Teilen der Welt, insbesondere Japan, Korea und China, muß man sich an kleinere, weniger bekannte Gärtnereien wenden wie Heronswood (in Washington), Arrowhead Alpines (in Michigan) oder Plants Delight Nursery (in North Carolina). Wer meint, daß es sich lohnt, Ephedra zu pflanzen, wird bei Wayside oder White Flower kein Glück haben. Plants Delight führen vier verschiedene Sorten. Meine stammen von Arrowhead Alpines.

An dem bewußten Dienstag, als all die Pflanzen ankamen, zu deren Kauf ich mich durch ihre Abbildungen hatte verleiten lassen, war ich nicht zu Hause, so daß ich sie nicht begrüßen, gleich aus ihrem Pappgefängnis befreien und mit Wasser und einem geschützten Platz erfreuen konnte, denn ich war auf dem Weg zur Rocky Dale Farm, einer Gärtnerei, die unter Gärtnern hier in Vermont einen legendären Ruf genießt. Es ist ein weiter Weg dorthin, deshalb fuhr ich mit einer Freundin, die (im Gegensatz zu mir) nicht nur keine Angst davor hat, lange Strecken zu fahren, sondern außerdem einen Truck besitzt. Unterwegs hatte sie vernünftigerweise telefonisch angefragt, ob Rocky Dale geöffnet sei – was nicht der Fall war – und war statt dessen mit mir zu Talbot gefahren, einer Gärtnerei am Rande von Quechee, Vermont. Talbot ist ein Geheimtip. Mr. Talbot ist Botaniker und hält im Winter Vorträge über Pflanzenzucht. Ich kannte die Talbots bis dahin noch nicht persönlich, und sie waren mir auf Anhieb so sympathisch, daß ich dachte: Zu schade, daß sie nicht in der Nachbarschaft wohnen! Nachdem ich viele Stunden damit verbracht hatte, mir meine Pflanzen auszusuchen (unter anderem blühende Quitten ›Cameo‹, einen farnblättrigen Flieder, zwei farnblättrige Päonien, einige Pestwurzpflanzen, Schmuckrhabarber, zwei Sorten gelben Eisenhut, drei verschiedene Gräser, Waldphlox, Schaumblüte, einen Katsurabaum, eine Weide mit schwarzen Kätzchen) kamen mir die Talbots ein wenig vor wie Figuren, denen man in einem guten Buch begegnet, behagliche, gemütvolle Figuren, liebenswert, wenn auch – in Maßen – mit einigen Fehlern, genau wie man selbst. Auf der Heimfahrt war meine Freundin wütend, weil ich ihrer Meinung nach zuviel gekauft hatte. Sie sagte es nicht. Ich sah es ihr an. Aber nur in Einzelfällen darf man Pflanzen einzeln kaufen. Mindestens sollten es drei, besser fünf oder noch mehr sein. Mir geht fast alles, was im Garten allein steht, gegen den Strich. Wenn es etwas sehr Schönes ist, sollte man ohne weiteres mehrere Exemplare davon haben, es sei denn, es wäre nicht genug Platz da. Die Vorbehalte gegen Einzelpflanzen sind sichtlich weit verbreitet. Wenn einem gesagt wird, man solle von der oder jener Sorte nur ein Exemplar pflanzen, heißt es, man solle es als Solitärpflanze betrachten, dabei ist ein Solitär etwas so Kaltes, Fremdes, Gartenuntypisches! Nur ein Exemplar – ob es nun Kinder sind oder Pflanzen – wirkt so knauserig, daß ich heulen könnte.

Und dann kam Mr. Harrington (Ken, nicht sein Bruder Phil) und machte sich in meinem Garten ans Werk; er schaffte mir das vergammelte Geißblatt vom Hals und eine hohe alte Fichte, die vor dem Fenster meines Sohnes wuchs (keine mutwillige, nur auf landschaftliche Schönheit ausgerichtete Entscheidung meinerseits, die großen Zweige strichen an der Fensterscheibe entlang und machten meinem Sohn angst); ein alter Fliederstrauch wurde ausgegraben und anderswo wieder eingepflanzt, die Einfahrt renoviert. Er brauchte viele Tage dazu, und während er an vielen Stellen Platz schaffte, plante ich schon, was ich dort alles neu setzen würde. Entlang der Straße, wo das Geißblatt gewesen war, wollte ich eigentlich eine

Kreuzdornhecke pflanzen, kam aber wieder davon ab, als ich las, was Michael Dirrs tyrannisches Kompendium *The Manual of Woody Landscape Plants* über den Kreuzdorn zu sagen hat. Welcher Gärtner hätte die Seelenstärke, sich über die dort festgelegten Maximen hinwegzusetzen? Meine Freunde und ich können kaum einen Strauch oder einen Baum pflanzen, ohne einander zu fragen: »Was sagt Dirr dazu?« Im Falle meines Kreuzdorns veranlaßte mich das, was Dirr dazu gesagt hatte, eine bei Roger und Penny in der Equinox Valley Nursery aufgegebene Bestellung auf zwanzig Kreuzdornpflanzen rückgängig zu machen. Noch vor dem Kreuzdorn war ich auf gezackten Schneeball (*V. dilatatum*) verfallen, von dem aber hält Dirr überhaupt nichts. Wenn ich von meinem Dirr aufblickte, sah ich – was sehr beruhigend wirkte – Mr. Harrington in seinem Bulldozer oder in seinem großen Laster sitzen oder mit Unterstützung seiner Frau und seines Sohnes, die seine Anweisungen gewissenhaft befolgten, an irgend etwas herumhacken. Mr. Harrington ist unheimlich nett. Er liebt Bäume jeder Art, nur eine schöne Form müssen sie haben, was bei dem Geißblatt nicht der Fall war. Bei seinem Anblick muß ich immer daran denken, daß es zwei Sorten von Vermontern gibt: geborene Vermonter, die einander alle recht ähnlich sehen, aber nicht so beunruhigend ähnlich, daß man sich unwohl fühlt, weil man nicht so aussieht wie sie, und wir anderen, die nach Vermont Zugezogenen, allesamt anzusehen wie aus einem Zeugenschutzprogramm, oder anders gesagt: Wenn wir in Vermont Leuten über den Weg laufen würden, die uns von außerhalb kennen, bekämen sie wohl fast den richtigen Eindruck von uns. In Vermont zu leben, ohne daß man hier geboren ist, bedeutet, daß man eines schönen Tages im Frühling durchgefahren ist – wie ich auf dem Weg zu den Talbots – und so viele schöne Häuser in so viel schöner Landschaft gesehen hat, daß man beschloß, eins zu kaufen. Und dann warten auf ihre Entdeckung JANUAR! FEBRUAR! MÄÄÄÄRZ!

An den Tagen, an denen Mr. Harrington mir half, mein Stückchen Land neu zu ordnen, ging ich mit Papier und Bleistift herum und machte etwas, was ich bis dahin immer nur Angebern zugetraut hatte: Ich zeichnete meinen Garten, oder vielmehr, ich verband eine Reihe von Strichen miteinander und schrieb in die so entstandenen Kästchen die Namen von Sträuchern und Stauden, die ich pflanzen wollte. Ich bin jetzt darüber hinaus, nur das zu pflanzen, was mir am Herzen liegt, ohne Rücksicht auf den Gesamteindruck. Trotzdem fehlt meinem Garten etwas, er braucht mehr Form, und er braucht in diesem Mehr an Form reizvollere Dinge. Angefangen hatte ich vor dem Haus, hinter dem Haus und um das Haus herum; jetzt möchte ich vom Haus weg in Richtung Moor weitermachen, die Verbindung zum Haus aber beibehalten; vom Haus darf ich mich nie endgültig trennen. Bei den Clematis hatte ich mit ›Nelly Moser‹ angefangen, jetzt möchte ich eine *Clematis marmoraria* haben. Ich verliebe mich in ganze Sorten. Das ist insofern kompliziert, als sie immer unveränderlich sie selbst sind, und wenn man sie aus ihrem Umfeld, der ungeordneten Natur, herausnimmt und in die Ordnung eines Gartens setzt, wo ihnen meist die Aufgabe zugedacht ist, die schwankende Persönlichkeit des Besitzers zu stützen, wirken sie ihrerseits gebrechlich, nicht mehr so blühfreudig, wie man es von ihnen erwartet, oder aber viel zu kraftstrotzend, unkrautig, störend. Genau diese Arten aber möchte ich jetzt haben oder zumindest solche, die davon nicht allzu weit entfernt sind. Und damit komme ich zu Bob und Brigitta Stewart und ihrem Gartenbaubetrieb Arrowhead Alpine in Fowlerville, Michigan. Als ich einmal Ende April dort war, erstand ich mehrere Steinbrechpflanzen (für mich bedeutete das einen Schritt weg vom Schaublatt), einige Mehl-Primeln, Lerchensporne und Glockenblumen, zwei Blauglöckchen, viele Alpen-Aurikeln, *Ephedra*, eine *Paeonia peregrina*, eine *Paeonia lutea*, drei gelbe Enziane. Bei einem Gang mit Bob und Brigitta durch Arrowhead Alpines, von Gewächshaus zu Gewächshaus, taucht man so intensiv in die Welt der Pflanzen ein, daß es von dort eigentlich kein Zurück mehr gibt. Bob greift nach einer mir gänzlich unbekannten Pflanze und nennt im Zusammenhang damit den Namen Josef Halder. Halder ist ein tschechischer Botaniker mit besten Zugangsmöglichkeiten zu den asiatischen Gebieten, die früher unter sowjetischer Herrschaft standen, und der Entdecker der *Ephedra*. Bob erwähnt auch Eric Smith und seine Arbeit mit Christrosen. Ich verehre Eric Smith, kenne ihn allerdings nur von seiner Arbeit mit Funkien her. Vor allem seine Blaublattfunkien kaufe ich mit Begeisterung, soweit ich sie mir leisten kann. Sie sind nicht billig. Es gebe da eine Gärtnerei in Schottland, erzählte Bob, da müsse ich unbedingt hin, sie gehöre einem Jim Archibald, der Eric Smith kannte. Zusammen mit Jim Archibald hat Eric Smith Christrosen gezüchtet. Während ich mit Bob durch die Gewächshäuser wanderte, Schatzkammern voller Gartenpflanzen, die ich noch nicht kannte (zum Beispiel *Mutisia spinosa*, die vielleicht für mich nicht winterhart genug ist, aber das bekomme ich schon hin), traf ich Jim, der sich über eine Saatschale beugte. Von einer Expedition, die Jagd auf seltene Pflanzen machte und an der er mit Aktien beteiligt war, hatte er Samen bekommen und wollte wissen, ob endlich ein paar aufgegangen waren. Sie taten ihm nicht den Gefallen.

Mitte Mai ging der März zu Ende. Keine meiner Fritillarien hatte geblüht, dafür konnte ich mich an den bläulich-grünen Blättern des Knöterich und dem wäßrigen Gelbgrün der Kaiserkrone erfreuen. Die *Primula veris*-Setzlinge, die ich im vergangenen Juni gepflanzt hatte und die mir Jack Manix vorgezogen hatte, blühten dicht neben einer sehr alten Hemlocktanne. Auch Narzissen blühten, Narzissen, die ich für einen Dollar fünfzig in Whitman's Feed Store (North Bennington, Vermont) gekauft hatte. Ich hatte dort zugegriffen, ohne mir groß Gedanken zu machen, denn fürs Zwiebelstecken war es längst zu spät, aber mir war eingefallen, daß ich noch etwas für einen leeren Fleck brauchte (die Idee des Unterpflanzens hatte sich mir gerade erst erschlossen). Die Narzissen entpuppten sich als ›Mount Hood‹, die schönste Narzisse, die ich je gesehen habe oder die mir jemals gefallen hat. Sie blüht zunächst gelb und wechselt dann – es ist kein Blasser-, sondern ein Anderswerden – zu einer spektakulären Elfenbeinfarbe, dem Ton von Eßgeschirr auf einem Bord, das in einem Kind den Wunsch weckt, auszuprobieren, wie es wohl in tausend Scherben aussehen würde. Eigentlich mag ich keine Narzissen, und das hat nichts mit Ästhetik zu tun, sondern hat einen viel ernsthafteren Grund. Das Schaublatt schob sich mit dicken krummen Fingern aus der Erde. Das Lungenkraut blühte so verschwenderisch, daß ich fast davon überzeugt war, es gehörte jemand anders. Das Lungenkraut, ›Janet Fisk‹ und ›Mrs. Moon‹ hat sich ausgesamt. Soll ich abwarten, ob unter den Sämlingen eine Mutation ist? Aber nein, solche Dinge interessieren mich nicht.

Aber das nur nebenbei. An dem Tag, als ich von den Talbots zurückkam, erwarteten mich die Pflanzen, die ich bei der White Flower Farm und bei Wayside bestellt hatte. Sie standen zusammen mit den vielen Pflanzen, die ich gerade bei den Talbots erstanden hatte, und mit Setzlingen von Jack Manix in der Garage und reichten weit in die Einfahrt hinaus – Pflanzen in kleinen Töpfen, großen Töpfen, Sechserpaletten. Es war kein erhebender Anblick und nicht unbedingt das, was einem in den Sinn kommt, wenn man an einen Garten denkt. Die Kinder beschwerten sich und dachten dabei insgeheim an ihr Milchgeld: Hatte sich ihre Mutter für die Pflanzen finanziell völlig verausgabt, würden sie hungern müssen? Für sie ist der Garten etwas, das ihnen das vollkommene Glück meiner uneingeschränkten Zuwendung vorenthält.

Beim Anblick all dieser Pflanzen, die aus der Garage quollen, dachte ich an Menschen, die ich kenne oder von denen ich gehört habe und die ebenfalls mit Pflanzen zu tun haben – nicht, um mich mit ihnen zu vergleichen, das wäre vermessen, sondern einfach so: An George Clifford, den Besitzer eines riesigen Gewächshauses in Amsterdam, der Linnaeus angestellt und ihm dadurch die Chance geboten hatte, das binäre System der Pflanzennomenklatur zu erfinden; an Reginald Farrer, an Kingdon-Ward, an Chinese Wilson, David Douglas und viele andere, eine lange Liste von Menschen, die sich für Pflanzen interessierten und interessieren, für Pflanzen wohlgemerkt, nicht für den Garten, denn beides geht nur heimlich und bei ganz gewöhnlichen Menschen zusammen, wie ich einer bin. Und als ich an diese stattliche Schar dachte, fiel mir wieder ein, daß viele von ihnen nicht in ihrem eigenen Bett gestorben waren: Douglas ist in Hawaii in eine Bärengrube gestürzt, Wilson kam bei einem Verkehrsunfall in Boston ums Leben, nachdem er die Königslilie in ihrem natürlichen Umfeld, einem Flußbett in China, gesehen und dieses Abenteuer überlebt hatte, Farrer starb in Burma an Diphterie. Ich werde in einer Gärtnerei sterben.

Der Garten, der mir vorschwebt

Ich kenne mich mit Gärtnern aus (zumindest bilde ich mir das ein, denn ich bin selbst Gärtnerin, nur erlebe ich das Gärtnern als ein Werk schierer Vergeblichkeit). Ich kenne ihre Launenhaftigkeit, ich kenne ihre Schwäche, sich für den eigenen Garten etwas zu wünschen, was sie noch nie gesehen oder besessen haben oder dessen sie in einem Garten (bei Freunden) ansichtig wurden, etwas, was sie nicht haben, aber gerne hätten (obgleich ihre Begehrlichkeit und ihr Neid – ja, das vor allem: ihr Neid – sich auf den ganzen Garten richtet, aber um das zu tarnen, kaprizieren sie sich auf eine einzige Pflanze: den Stachelmohn, das chinesische Riesenschilf, die unglaublich dicken weißen, lila, schwarzen, rosaroten Blüten oder die Christrosen, die aus der kalten, nassen, braunen Erde hervorkommen).

Ich wäre nicht überrascht, wenn jeder Gärtner, auf die Frage, was er gerne hätte oder worum er andere beneidet, etwas nennen könnte. Gärtner haben in dem Augenblick, in dem man sie in der Realität der Rabatten, die sie pflegen, in dem von ihnen im Garten beanspruchten Raum in ein Gespräch verwickelt, immer etwas, woran ihr Herz besonders hängt, eine spezielle Vorliebe für dieses oder jenes, und nichts von dem, was sie gerade vor sich haben (die Rabatten, die sie pflegen, der Raum, den sie beanspruchen) ist ihnen ein Ärgernis, denn sonst wäre es ja nicht da. Sie können nur lieben, und sie lieben nur für den Augenblick; ist er vorbei, lieben sie die Erinnerung daran, die Erinnerung an eine bestimmte Blume, eine bestimmte Blüte, von der sie sich schon entfernt haben, von der sie weitergezogen sind zu Dingen, die anders sind und vorzugsweise von weither kommen, aus fernen Orten, an denen sie selbst nie leben, wo sie selbst nie gärtnern würden (beispielsweise im Himalaya).

Zu dem Positiven am Erdulden der Kindheit (denn sie ist etwas, was man erdulden muß, auch wenn wir sie noch so schön finden, auch wenn sie noch so erfreulich war) gehört zweifellos ein Garten und der Wunsch, selbst zu gärtnern. Die Großmutter eines Gärtners oder einer Gärtnerin hat die und die Rose gezogen, und der Duft dieser Rose in der Dämmerung (denn Blumen verströmen ihren Wohlgeruch besonders stark gegen Ende des Tages, als sei das ihre letzte Tat vor dem Schlafengehen), in jenen Jahren, als der Gärtner, die Gärtnerin ein Kind war und der Großmutter bei der Gartenarbeit an den Rockschößen hing – die Erinnerung an den Duft dieser Rose zusammen mit der Erinnerung an den Duft von Großmutters Rock wird das Leben des Gärtners, der Gärtnerin für immer durchdringen und prägen, im Garten und darüber hinaus. Wenn man mit so einem Menschen (einem gärtnernden Menschen) spricht, äußert er sich ungefähr so: »Als ich so und so alt war, ging ich auf den Markt, aus einem Grund, der mich an sich nicht mehr interessiert, aber dort habe ich zum erstenmal etwas gesehen, das ich nie vergessen werde ...«, und der Mensch, der diesen Satz, diesen Gedanken äußert, steht vor einem, entblößt und zitternd, ganz Gefühl, ganz Erinnerung. Die Erinnerung ist die eigentliche Palette des Gärtners, die Vergangenheit heraufbeschwört, Gegenwart gestaltet, Zukunft diktiert.

Meconopsis betonicifolia, der Tibet-Scheinmohn, wollte bei mir nie gedeihen (da sitzt sie, die grüne Blattrosette, schaut mich an und weigert sich zu blühen. Ich mache böse Miene zum bösen Spiel), aber das Bild dieser Blume, das vor meinem inneren Auge steht, ein Bild, das sich zusammensetzt aus Erinnerung (ich habe sie vor einiger Zeit gesehen) und »Demnächst« (der Zukunft, will sagen, dem Gegenteil von Erinnerung) ist so intensiv, daß nichts, was sich zwischen mir und ihr abspielt, dem Bild, das ich von ihr habe (der erinnerten Vergangenheit, der demnächstigen Vergangenheit), je gerecht werden könnte. Zum erstenmal habe ich den Tibet-Scheinmohn in Wayne Winterrowds Garten gesehen (den er mit Joe Eck – auch er eine Gartengröße – betreibt), und ich werde diese Pflanze (blühend oder nicht, wild wachsend oder kultiviert) nie wieder sehen können, ohne an ihn (besser an sie, an ihn und Joe Eck) zu denken und mir zu sagen: Sie wird nie wieder so aussehen wie in diesem Garten, denn dort war der Tibet-Scheinmohn ganz er selbst und unvergleichlich (was immer das in diesem Augenblick bedeutet, was immer es später einmal bedeuten mag), und ich werde ihn immer so sehen wollen, wie er glücklich und zufrieden in den Bergen von Vermont stand, weit weg von dem Ort, wo er zu Hause ist, weit weg von dem Ort, an dem er eine Selbstverständlichkeit war, unbemerkt und mit seinen eigenwilligen Vermehrungsgewohnheiten (mehrjährig, zweijährig, monokarpisch oder gar nicht).

Ich ging das Thema Garten zunächst ganz praktisch an mit der Vorstellung von einem richtigen Anfang und einem richtigen Ende, mit der Frage, wo dies zu bekommen, wie jenes zu ziehen sei. Zu bekommen war alles in der Nähe, zu einer Gärtnerei war es nie weit; für die richtige Anzucht und Pflege erstand ich erst einmal viele, viele Bücher, die alle die gleichen Ratschläge enthielten (liebt Schatten, verträgt keinen Kalk, muß gestützt werden). Später nahm ich, wenn ich wissen wollte, wie man dies oder jenes zieht, lieber Anschauungsunterricht in den Gärten anderer Leute, die ihr Wissen vermutlich mehr oder weniger auf die gleiche Weise erworben hatten – indem sie sich fleißig in fremden Gärten umsahen.

Aber wir, die wir unseres Nachbarn Garten begehren, müssen uns irgendwann wieder dem eigenen zuwenden, mit all seinen Höhen und Tiefen, Freuden und Enttäuschungen. Wir kommen zu ihm wie blind und mit einem Wirrwarr von Gefühlen, die auszudrücken (so empfinde zumindest ich es) bloße Worte nicht genügen, denn mit Worten läßt sich nicht erklären, warum man eine Pflanze besonders liebt (weil sie ist, wie sie ist, weil sie Feuchtigkeit liebt oder Trockenheit, weil sie den Menschen, der sie vor Augen hat, an eine Welle oder einen Wasserfall erinnert oder an ein Ereignis, dem eine sehr persönliche Erfahrung zugrundeliegt – wie damals, als meine Mutter mir etwas nicht erlaubte, das ich mir sehr gewünscht hatte, und ich in all meinem Jammer sah, daß der Frangipanibaum blühte).

Ich werde nie den Garten haben, der mir vorschwebt, aber gerade das ist für mich das Schöne daran. Manche Wünsche sind unerfüllbar; um so wichtiger ist es, an ihnen festzuhalten. Ein Garten, und sei er noch so schön, darf einen nie ganz zufriedenstellen. Schließlich hat die Welt, wie wir sie kennen, ihren Anfang in einem sehr guten, in einem durchaus zufriedenstellenden Garten, dem

Paradiesgarten, genommen, aber es dauerte nicht lange, da verlangten Besitzer und Bewohner nach mehr.

Der Garten Eden

Die Geschichte des Gartens, wie ich sie kenne, beginnt in Eden, im Garten Eden, und dieser Garten taucht erst ganz am Ende der Schöpfung auf, nach Adam, aber vor Eva, weil sie nicht von Anfang an in den Garten gehört, sondern Adam Gesellschaft leisten soll, wenn er sich an dem Garten erfreut, und deshalb ist es so empörend, daß ihm diese Freude durch ihr Erscheinen genommen wird (diese Gedanken gingen mir durch den Kopf, als ich Ende September 1998 über eine gewundene Staubstraße in der chinesischen Provinz Yünnan marschierte). In dieser mir so vertrauten Geschichte ist der Ort, der sich Eden nennt, ein Ideal – als Seelenzustand und als Ort, an dem sich wunderbar in den Tag hineinleben läßt, und in diesem mir so vertrauten Text beginnt Eden mit Lust und Notwendigkeit, andererseits kommt der Baum des Lebens (den ich mir als Gemüsegarten vorstelle, als Notwendigkeit) vor dem Baum des Wissens (den ich mir als Gesamtheit jener Pflanzen vorstelle, die ich nicht unmittelbar brauche, die ich nur anbaue, weil sie mich aus diesem oder jenem Grund interessieren, und deshalb ist dies der Teil des Gartens, der mich in die Welt hinaustreibt). Gleichwohl – Eden wird bestellt und gepflegt, um Adams Körper zu nähren, ehe er – der Garten – zu einer Gefahr für Adams Seelenleben wird. Das ist der Garten! sagte ich mir, als ich in den Bergen von Südwestchina herumkletterte, das ist der Garten! Ich dachte an die Anfänge vieler Gartenbücher, die ich gelesen hatte, und ich dachte: Ist dies das Eden, aus dem wir vertrieben und in die Welt hinausgejagt wurden, in die Welt, wie ich sie kenne, in der wir entsorgen, nur um wieder aufzubereiten, in der wir verwerfen und zurückverlangen, in eine Welt so voller Begierden, daß das Ende (der Tod) eine Erlösung ist?

Aber ich war in Südwestchina, stieg auf Berge hinauf und von Bergen herunter, wanderte durch Wälder, in denen hauptsächlich Rhododendren wuchsen, manchmal kleine Gruppen von *Paris quadrifolia*, der Einbeere, oder Hortensien oder *Enkianthus*, die Prachtbeere, oder Ahorn, und wenn ich herauskam, fand ich am Waldrand manchmal Äpfel oder etwas so Fremdes, daß ich Ron Pembroke (der in meiner Ecke von Vermont Bäume rodet oder setzt) rufen und ihn bitten mußte, mich von Pflanzen zu befreien, die mir wie Unkraut vorkamen.

Die Rhododendren kamen mir vielleicht deshalb nicht wie Unkraut vor, weil sie mir vertraut waren, ich hatte gutes Geld für den *Rhododendron smirnowii* gezahlt, dessen Blätter denen ähnlich sind, die ich jetzt (in China) vor mir sah, jedes Blatt war auf der Unterseite mit einem weichen Flaum (Indumentum) bedeckt, so daß es von weitem silbrig oder (für die Gärtnerin) rätselhaft wirkt. Auch die Iris, die gräsergleich und verfilzt und verheddert dicht zusammenstanden, kamen mir nicht wie Unkraut vor, und Primeln gab es und Enzian und Wiesenraute und Akelei (*Aquilegia rockii*) und alle Arten von Impatiens, die ich noch nie gesehen, ja, von denen ich noch nie gehört hatte, und Schaublatt und Goldkolben (nicht genau die gleichen wie meine, ich kannte sie nur als Kultivare), und alles war mir in der Form vertraut, in der ich es vor mir sah (die Primeln, die Iris, das Schaublatt) oder als Kultivar (die Goldkolben), und mir kam der nicht sehr originelle Gedanke, daß alles, was ich vor mir sah, in die Verbannung getrieben worden war, genau wie ich (denn zu der Zeit war ich ohne meine Familie, meine beiden Kinder, meinen Mann, das große Haus, das wir zu unserem Zuhause gemacht hatten), und so dachte ich (wieder) an den Garten, den ich zurückgelassen hatte, der ordentlich oder zumindest ordentlich gemeint war, und dann mußte ich an den Garten Eden denken, den Garten, auf den sich alle Gärten beziehen, ob es ihnen paßt oder nicht.

Was (aus meiner Sicht) mit Eden schiefgegangen ist, kommt einem so bekannt vor: Der Besitzer hatte die strenge Aufsicht über SEINE (und ich sage bewußt SEINE) Schöpfung satt, er hatte die Vorschriften satt, die den Fortbestand des Gartens in seiner Idealform gesichert hätten – und besonders satt hatte er SEINEN Plan mit einem bestimmten Exemplar (Baum des Lebens, Baum der Erkenntnis), das den Mittelpunkt bildete, und all den anderen Strukturen (Alleen, Parterres, Obstgärten, Potagerie, dem Cottagegarten, der im Grunde veranschaulicht, wie man aus einer sozialen Ungerechtigkeit das Beste macht, so wie das Ha-ha, als Teil der Gartenlandschaft veranschaulicht, wie sich noch aus einer Grausamkeit etwas Schönes gestalten läßt). Und auch die Betreuer, die Bewohner des Gartens (Adam und später Eva) hatten offenbar die Ansprüche des Großen Gärtners satt, und besonders satt hatten sie SEINE Vorstellung davon, wie der Garten auszusehen habe – nicht so sehr, wie er zu gestalten sei, sondern inwieweit an dem Plan nicht gerüttelt werden durfte, denn es war ein Plan, der sie nach einer gewissen Zeit langweilte. Dieser Plan (mit dem Baum der Erkenntnis und dem Baum des Lebens in der Mitte) war nicht der ihre und verbreitete jene Tristesse, die sich mit dem Zustand der Zufriedenheit einstellt.

Aber Gärtner (Gartenbesitzer, Gartenwerker, das heißt die Menschen, die im Garten arbeiten) sind so ruhelos, so reizbar, so unentwegt indigniert, so glücklich in ihrem Unglücklichsein, so zufrieden mit ihrer Unzufriedenheit, daß mir sehr einleuchtet, wie jene Geschichte (die ursprüngliche Geschichte von Eden) enden mußte und wie sie sich dann weiterentwickelt hat. Gärtner tragen in Gedanken erbitterte Fehden aus, schwören ewige Rache – und können dann doch nicht anders, als ihre neu entdeckten Sämlinge, Klone und vielversprechenden Beete mit anderen zu teilen. So ist er, der ursprüngliche Gärtner (dachte ich, während ich durch Berg und Tal wanderte, auf Berge kletterte und wild dahinbrausende Flüsse überquerte): besitzerergreifend, großzügig, launisch, unerschütterlich, zielstrebig, geduldig, schnell bei der Hand, etwas wegzuwerfen, leicht zum Lächeln zu bringen, schwer zu verstimmen, dann aber rasch in Wut geratend, schnell dabei, Entscheidungen zu treffen, und schnell dabei, sich darüber hinwegzusetzen. Der Gärtner – jeder Gärtner – ist kein ausgeglichenes Wesen, kein Ausbund an Konsequenz. Das waren meine Gedanken in China, im südwestlichen China, in der Provinz Yünnan, an Orten, die Napa Hai heißen, Zhongidan, Deqen, Weixi, auf dem Weg nach Beimashan, auf dem Weg nach Emeishan, in Chengdu, in Kunming.

In all den Jahren, seit ich Gärtnerin bin, waren für mich Rhododendren mit filzigen Blättern exotisch (von weither kommend, fremd, selten, schwer zu beschaffen –

so meine persönliche Definition) und teuer, sie kosteten so viel mehr als andere. Ich weiß noch, wo ich zum erstenmal einen Rhododendron mit Indumentum sah, nämlich in Mr. Carlsons Garten in Salem, New York. Mr. Carlson war Rhododendrenspezialist, er führte viele verschiedene Sorten, und als ich schon im Gehen war und in meinen Wagen steigen wollte, zeigte er mir seinen *Rh. yakushima* und deutete betont lässig auf den Flaum an der Unterseite der Blätter. Wie habe ich gestaunt, wie hat er sich über mein Staunen gefreut, und wie zufrieden sah er aus, als ich einen dieser Rhododendren kaufen wollte und er keine zu verkaufen hatte! Mr. Carlson ist ein so netter Mensch, aber leider, leider muß ich sagen, daß ich nie etwas bei ihm gekauft habe, obwohl er mir nach wie vor seine Kataloge schickt (all das dachte ich in China, an den Orten, die ich vorhin genannt habe, die ich nie vergessen werde, so lange ich im Garten bin, ich will sie deshalb noch einmal nennen: Napa Hai, Deqen, Weixi). Und in China, bei meinen Wanderungen bergauf und bergab und kreuz und quer, verlor ich mich häufig in Rhododendronwäldern, und die Blätter waren an der Unterseite mit diesem Indumentum bedeckt, und es war keine Rarität, dieses Indumentum, alle Blätter an allen Rhododendren waren so.

Immer wieder, seit ich angefangen habe zu gärtnern, habe ich meine Familie an den Rand des Ruins gebracht, um irgend etwas (für mich) sehr Wertvolles pflanzen zu können, ohne das ich meinte, im Garten nie mehr glücklich zu werden; ich konnte nicht ohne den Rhododendron ›Jane Grant‹ und den Rhododendron ›Anna H. Holl‹ leben; besonders ›Jane Grant‹ ist sehr teuer, man bekommt sie nur bei der White Flower Farm, aber sie (und ich sage bewußt ›sie‹) ist eine Schönheit, sie hat *Rh. yakushimanum*, die Sorte mit den filzigen Blättern, in ihrer Ahnenreihe. ›Anna H. Hall‹, die ebenfalls von *Rh. yakushimanum* abstammt, ist nicht ganz so selten, aber trotzdem teuer. Den *R. smirnowii* habe ich – da war er erst 15 cm hoch – bei Dan gekauft. Und als ich in China war (an den Orten mit den bewußten Namen), in den Wäldern mit den flaumblättrigen Rhododendren, fragte ich mich (nicht zum ersten Mal, nicht zum letzten Mal), ob ich in dem ursprünglichen Garten Eden (oder einem Teil davon, immer nur einem Teil davon) oder etwas ähnlichem war, nur mit umgekehrten Vorzeichen: Diesmal (in China) war es der Garten, der aus dem Paradies vertrieben worden war, ich war in der Wildnis, der Garten war Wildnis geworden, und ich war mittendrin (auch wenn ich in Wirklichkeit in China war). Ich habe versucht, alles wieder zurückzuholen, denn ich begriff allmählich, daß ein Garten, das Anlegen eines Gartens, unter anderem auch der Versuch ist, soviel wie möglich aus der Wildnis zurückzuholen, so viel, wie der Gärtner sinnvollerweise verantworten kann und versteht.

Einmal ging ich durch einen wirklich großen Garten in England, er war viele Morgen groß und in viele Abteilungen gegliedert, die Immergrünen standen beieinander, die in hohen kahlen Bergen heimischen Pflanzen standen beieinander, und eine große Abteilung war gestaltet wie ein Hochtal im Himalaya. Ich kenne die Hochtäler des Himalaya nicht, ich war nie im Himalaya, aber wer immer den Garten gestaltet hatte, mußte eine Vorstellung von ihnen gehabt haben, mußte entweder selbst dort gewesen sein oder sich an Bildern orientiert haben. Was wüchse in einem echten Hochtal im echten Himalaya? Wie sähe es dort aus? In jenem englischen Garten waren viele Morgen Land mit Rhododendren bewachsen, mit Steinen – hohen nackten Felsen – bedeckt und vielleicht noch mit dem oder jenem ausgestattet. Als ich das englische Himalaya-Hochtal besuchte, stand der Rhododendron nicht in Blüte, und hätte ich nicht gewußt, daß man hier versucht hatte, einen Teil jener Landschaft nachzubilden, die sich auf einem unbebauten Teil der Erdoberfläche, dem Himalayagebirge, befindet, hätte ich nicht erkannt, was ich vor Augen hatte, ich hätte geglaubt, in einen verwahrlosten, ungepflegten Teil der großen Anlage geraten zu sein.

Ich wanderte lange durch diesen Teil des Himalaya-Hochtals, immer wieder durch das gleiche Areal, und hinterher war ich erschöpft; ich kletterte in den chinesischen Bergen herum, nie zweimal in dem gleichen Areal, und hinterher war ich erschöpft. Im Hochtal des Himalaya, in den chinesischen Bergen – in beiden Fällen ging ich nach Hause, und nach einem guten Abendessen legte ich mich ins Bett.

Was genau ist nun aber der wilde Garten? Diese Frage stellte ich mir an einem Tag, als ich in einem Zimmer mit vielen Gartenbüchern saß, eins davon William Robinsons *The Wild Garden*. Ich hatte seinen Garten in Gravetye gesehen (in England, am selben Tag, an dem ich auch den Versuch besichtigt hatte, ein Hochtal im Himalaya nachzubilden), und sein Garten besteht aus einer Ansammlung von Pflanzen, die sorgsam gepflegt werden, so daß sie verwahrlost und verkommen wirken. Was genau ist nun aber der wilde Garten? Als ich diesen Satz, diese Frage vor mich hinsprach, saß ich nicht untätig in dem Zimmer mit den vielen Gartenbüchern, sondern versuchte ohne viel Erfolg, ein paar ziellos an meinem Kinn sprießende Härchen zu entfernen (was mein Alter verrät – ich sehe bei alten Frauen oft ziellos verteilte Haare am Kinn sprießen), ich zog und zerrte an ihnen wie an Unkräutern (was mir gerade jetzt, da ich wieder an ihnen ziehe und zerre, in den Sinn kommt). William Robinson schrieb 1870 in *The Wild Garden* folgendes: »Er hat nichts mit der Vorstellung von ›Wildnis‹ zu tun. Nicht der pittoreske Garten ist damit gemeint, denn ein Garten kann höchst pittoresk sein und doch in allen Teilen das Ergebnis unermüdlicher Pflege.« Und weiter: »Hier und da versteht man darunter einen Garten, den man hat verwildern lassen, oder in dem einjährige Blumen durcheinander gesät wurden, dabei gibt es hier keinen Widerspruch zu herkömmlichen Blumengärten ... Ich möchte, daß man ihn gedanklich völlig trennt von den Bepflanzungen mit winterharten Gehölzen in Gruppen, Parterres und Rabatten, bei denen gärtnerische Sorgfalt und guter Geschmack vielfach glückliche Effekte zu erzielen vermögen.« Diese Vorstellung vom »Wilden Garten« war für William Robinson ganz klar, es ging um den Luxus, die Ergebnisse des eigenen Willens zu demonstrieren und sich daran zu erfreuen, etwas Gottgleiches zustandezubringen. Nur laufen Götter hin und wieder Gefahr, mißverstanden zu werden, denn als 1894 eine Neuausgabe seines Buches erschien, schrieb er im Vorwort: »Zahlreiche Rezensenten dieses Werkes machten sich nicht die Mühe, die wahren Motive zu erkennen, und einige verwechseln es mit dem pittoresken Garten, der auf mancherlei kostspielige Art angelegt werden kann, wohingegen dem wilden Garten die Idee zugrunde liegt, Pflanzen aus anderen Ländern, die so winterfest sind wie die widerstandsfähigsten unserer Wildblumen, an Stellen zu pflanzen, wo sie ohne weitere Mühe und Kosten gedeihen.«

Seine Vorstellung vom wilden Garten ist besonders spannend, weil alle Pflanzen, die seiner Meinung nach darin vertreten sein sollten, heute weit verbreitet sind, sogar ich kenne sie, und tatsächlich ist meines Wissens keine von ihnen in England heimisch. In einem Kapitel »Winterharte blühende Exoten« zählt er neben vielen anderen den Mauerpfeffer auf, den Eibisch, die Wiesenraute, die Taglilie und den Dachwurz, und fast alle kenne ich inzwischen gut, manche sogar so gut, daß sie mir – wie die Taglilie – ein Ärgernis sind und ich oft bereue, daß ich sie einmal geliebt habe.

Zurück zu Eden und den Bergen in den chinesischen Provinzen Yünnan und Szechuan und zu dem Wilden Garten und dem Hochtal im Himalaya. Was wünscht sich eine Gärtnerin? Eine Gärtnerin wünscht sich, daß der Garten sich so benimmt, wie sie es wünscht, und wenn er das nicht tut, verstößt sie ihn, gibt ihn auf, schimpft mit ihm – nicht mit dem Garten im allgemeinen, sondern nur mit ihrem eigenen, und wir, die wir ihr nachfolgen, müssen einiges von dem übernehmen, was sie liebt, und einiges von dem, was sie nicht liebt, und uns damit abfinden, daß wir das eine oder andere nicht übernehmen können, weil wir es nicht verstehen. Das Hochtal im Himalaya war für mich ein Stück staubiger Wildnis; als ich Gravetye besuchte, war dies ein Garten

Eden, den ich so sehr ins Herz schloß, daß ich es nicht erwarten konnte, ihm zu entkommen. Gravetye ist jetzt eine ideale Luxusherberge, ich habe auf das Köstlichste im Speisesaal gegessen, und während des Essens überkam mich das Verlangen, alle Mitgäste, soweit sie nicht mit mir reisten (Jill und Tante Annie) um einen Kopf kürzer zu machen, weil ... weil ... weil. So ist das mit dem Garten Eden: Er ist so voller Wohlbehagen, daß ich stets versucht bin, Unbehagen zu verbreiten. Ich befinde mich in einem permanenten Zustand des Unbehagens, und weil mir dieser Zustand so zusagt, will ich gerne auch andere daran teilhaben lassen.

Die in diesem Band erwähnten Bücher

Ames, Oakes: *Jottings of a Harvard Botanist,*
Harvard University Press, Boston 1979

Brown, Jane: *Sissinghurst. Portrait of a Garden,*
Harry N. Abrams, New York 1990

Bush-Brown, James und Louise: *America's Garden Book,*
John Wiley & Sons, Hoboken 1996

Callaway, Dorothy J.: *The World of Magnolias,*
Timber Press, Portland, Oregon 1994

Dangarembga, Tsitsi: *Der Preis der Freiheit,*
Rowohlt, Hamburg 1991

Fox, Robin Lane (Hg.): *The Illustrated Garden Book,*
Atheneum, New York 1986 (Anthologie der Schriften Vita Sackville-Wests, auf deutsch in anderer Zusammenstellung und unter anderem Titel beim Verlag Schöffling & Co., Frankfurt am Main)

Griswold, Mac: *Pleasures of the Garden: Images from the Metropolitan Museum of Art,*
Harry N. Abrams, New York 1987

James, Henry: *Bildnis einer Dame,*
Insel Verlag, Frankfurt am Main 2003

Jekyll, Gertrude: *Colour Schemes for the Flower Garden*, Frances Lincoln, London 2001

Kingdon Ward, Frank: *Plant Hunter's Paradise*, Hippocrene, New York 1986

Goode, Patrick; Lancaster, Michael; Jellicoe, Susan und Jellicoe, Geoffrey (Hg.): *The Oxford Companion to Gardens*, Oxford University Press, Oxford 2001

Prescott, William H.: *Die Eroberung Mexikos*, (verschiedene Ausgaben antiquarisch erhältlich)

Prince, Mary: *The History of Mary Prince*, Penguin, New York 2001

Robinson, William: *The Wild Garden*, Century, London 1983

Thomas, Graham Stuart: *The Graham Stuart Thomas Rose Book*, Sagapress/Timber Press, Portland, Oregon 1994 (eine Zusammenfassung der Bände *The Old Shrub Roses*, *Shrub Roses of Today*, *Climbing Roses Old and New*)

Verey, Rosemary: *Der Garten im Winter*, Ravensburg 1989

Wittmer, Pierre: *Caillebotte and his Garden at Yerres*, Harry N. Abrams, New York 1991
(auch in französischer Originalfassung erhältlich)

Wyman, Donald: *Wyman's Gardening Encyclopedia*, Scribner, New York 1987

Außerdem erschienen im Verlag Heinrich & Hahn

Russell Hoban
Ozeanische Gefühle

Roman
Aus dem Englischen von Annette Charpentier
Festeinband mit Schutzumschlag
und Lesebändchen, 224 Seiten
ISBN 3-86597-035-4, € 18,90 (D)

Eine selbstironische, komische Schilderung der Befreiung dreier ausgewachsener Meeresschildkröten aus dem Londoner Zoo – und ein kluger, süchtig machender Roman über den Wunsch nach Freiheit, Glück und Selbstbestimmung.

Daphne du Maurier
Der Apfelbaum

Festeinband mit Schutzumschlag
und Lesebändchen, 108 Seiten
ISBN 3-86597-031-1, € 17,90 (D)

Drei Monate nach dem Tod seiner Frau fällt einem Mann in seinem Garten zum ersten Mal ein alter Apfelbaum ins Auge, und die Ähnlichkeit mit der Verstorbenen trifft ihn wie ein Schlag. Etwas Vorwurfsvolles, ja Bedrohliches geht davon aus, das ihn keine Ruhe mehr finden läßt.

Literarische Gartenlust
Herausgegeben von Elsemarie Maletzke

Festeinband mit Schutzumschlag
und Lesebändchen, 216 Seiten
ISBN 3-86597-032-x, € 19,90 (D)

Lesestoff voll Witz und Leidenschaft für alle, die gern in der Erde wühlen und andere, die ihnen lieber dabei zusehen: Bekannte Autoren beschreiben ihre Position im Grünen. Dabei wird die Olive ebenso geehrt wie die Frankfurter Grüne Soße. Mit Beiträgen unter anderem von Eva Demski, Martin Mosebach, Arthur Miller, Vita Sackville-West.

besonders praktisch zum Zusammenheften von provisorischen Rankhilfen für Kletterpflanzen im Gemüsegarten; Holzschildchen und ein wasserfester Stift.

Als Geschenk für eine Gärtnerin oder einen Gärtner bietet sich auch ein Gutschein für den Besuch in einem Botanischen Garten oder einem Museum an. Ein ausgefallenes Geschenk dieser Art wäre ein Besuch des Botanischen Museums in Harvard, in dem Früchte und Blumen aus Glas zu besichtigen sind. Die Früchte werden in verschiedenen Entwicklungsstadien gezeigt, von der Blüte bis zur Reife, und dann in verschiedenen Zerfalls- und Krankheitsphasen; die Blumen aber sind immer von makelloser Pracht. Ob welkend oder perfekt – schön sind sie alle; man hat den Eindruck – wie auch oft bei Gemälden –, daß sie realer wirken als die Gegenstände, die sie darstellen, selbst. Die Schaffung dieser Abbilder ist auch ein fast trotziger Akt der Selbstbehauptung: Hier tritt der Mensch in Wettstreit mit der Natur. Der Betrachter wird daran erinnert, wie hemmungslos die Vorstellungen von Knechtschaft und Beherrschung früher waren, denn allein die Herstellung dieser Gegenstände in dieser Perfektion (Verwesung und Makel sind in der Natur nie so ansprechend) und aus diesem Werkstoff bescheinigt einen Willen, dem der Gedanke an Unterwerfung offensichtlich fremd ist. Wie festgefügt muß einem alles vorkommen, wenn die Welt sich dem eigenen Willen beugt! In demselben Museum entdeckte ich auch ein Buch des Botanikers Oakes Ames, der zu seiner Zeit sehr viel über Orchideen wußte. Es heißt *Jottings of a Harvard Botanist*. Einleitung und Vorwort – diese von seiner Tochter, jenes von einem Enkel – kann man getrost ignorieren, ja, heften Sie ruhig die Seiten zusammen, wie ich es regelmäßig mit Einleitungen mache, ehe ich anfange, ein Buch zu lesen. Oakes Ames ist jemand, dem man gern wie zufällig in einem öffentlichen Verkehrsmittel begegnen möchte (um sich dort auch wieder von ihm zu trennen). Er war ein Mann des neunzehnten Jahrhunderts mit europäischen Wurzeln: Sein Besitzdenken wirkt jetzt nur deshalb komisch, weil er tot ist. Unterwegs nach Kuba zum botanischen Stützpunkt von Harvard, schrieb er an seine Frau Blanche: »Wir sind umgeben von den üblichen, wenig reizvollen Menschen, denen man auf einer Reise nach Kuba und zurück begegnet, Menschen, die es vielleicht lohnt zu beobachten, deren Bekanntschaft zu machen aber keineswegs wünschenswert ist.«

Und damit komme ich zu Büchern, denn die lasse ich mir am allerliebsten schenken. Leider bekomme ich jeweils immer nur eins, weil es den meisten Leuten albern vorkommt, mehr als ein Exemplar desselben Buches zu verschenken. Zum Beispiel hätte ich sehr gern zwei Exemplare von *The Graham Stuart Thomas Rose Book* – eins zum Lesen, wenn ich trocken und gemütlich im Haus sitze, und ein zweites, das ich mitnehmen könnte, wenn ich bei Regen im Garten durch den Dreck stapfe oder durch den laufenden Rasensprenger spaziere. Ich lese meine Bücher nicht nur, ich benutze sie auch, was bedeutet, daß das Lesen manchmal ein fast physischer Akt ist. Jede Gärtnerin, jeder Gärtner sollte alle Bücher von Graham Stuart haben, nicht nur, weil der Mann sich so gut auskennt, sondern auch, weil er in seinen Ansichten so herrlich autoritär und anmaßend ist wie viele